Flann O'Brien · Trost und Rat

FLANN O'BRIEN

TROST UND RAT

DIE BESTEN KOLUMNEN
AUS DER »IRISH TIMES«

*Aus dem Englischen
von Harry Rowohlt*

KEIN & ABER

Trost und Rat ist ein Destillat aus
The Best of Myles
MacGibbon & Kee, London 1968
Copyright © 1968 by Evelyn O'Nolan

Neuausgabe
1. Auflage, Frühjahr 2003
Alle Rechte vorbehalten
Copyright © by Kein & Aber AG Zürich
Coverillustration: Volker Kriegel
Covergestaltung: Nick Ditzler
Gesamtherstellung: Ebner & Spiegel, Ulm
ISBN 3-0369-5105-9

www.keinundaber.ch

Inhalt

Das einfache irische Volk 7

Buchhandhabung. 20

Begleiter 32

Patentrezepte. 40

Kultur und Gesellschaft 46

Literarische Kritik 50

Langweiler 61

Vermischtes. 96

Nachwort des Übersetzers 108

Das einfache irische Volk

In meiner Position sieht man das Leben anders (wie der zynische Akrobat sagte, als er mit dem Kopf nach unten in 200 Fuß Höhe über terra firma et incognita hing). Ich meine, die Leute schreiben mir. Mit jeder Post kommen die unterschiedlichsten Briefe. Können Sie mir *dies* sagen, können Sie mir *das* sagen? Aber sowieso. Eine Dame aus Waterford berichtet mir, ihr Gesicht sei durch Sommersprossen entstellt. Ob ich ein Heilmittel wüßte? Weiß ich. Um Sommersprossen zu entfernen, nehme man eine Unze Zitronensaft, eine Vierteldrachme pulverisiertes Borax und eine halbe Drachme Zucker. Mischen und mehrere Tage lang in einer Glasflasche stehen lassen, dann gelegentlich auf Gesicht und Hände auftragen.

Und hören Sie sich dies an, von einem Casanova in Belmullet. »Ich bin wahnsinnig in achtzehn Mädels verliebt und kann mich nicht entscheiden, welches ich heiraten soll. Können Sie mir einen Rat geben?«

Kann ich. Und nicht zu knapp. Heiraten Sie die kleine, dicke Blonde.

Das einfache irische Volk: Woher wollen Sie wissen, daß eine kleine, dicke Blonde dabei ist?

Ich: Schon jemals eine Gruppe von achtzehn Mädchen gesehen, wo keine kleine, dicke Blonde dabei war?

Das einfache irische Volk: Hmm.

Ich: Habe *ich* etwa keine kleine, dicke Blonde geheiratet?

Das einfache irische Volk: Echt wahr? Und? Kinder?

Ich: Neun.

Das einfache irische Volk: Ist ja schon gut.

Und nie vergessen: Ein kraft Sochemaunce erworbener Besitztitel, der durch Feodo-Zinslehen en gros seisiniert und mit feoffseniorischen Zusatzklauseln in Frankal-Puissance reseisiniert wurde ...

Das einfache irische Volk: Das klingt wie schmutziges Wasser, das durch ein Loch in einem kaputten Gummiball gedrückt wird.

... darf nur per *droit* von Dräu und Klauben in Freibankwährung oder verschalten Durchschlägen im Rahmen des *seisina facit stipidem* veräußert werden, und auch dann nur, wenn eine annehmbare Kopie, mit einer 2-Penny-Marke versehen, beim Erbschaftsgericht für Zivilsachen und verwandte Grenzbereiche vorgelegt wurde.

Darüber hinaus setzt sich eine amtliche Durchwühlung, sei sie nun per Frankalseniorität oder Dekartierung verdinglicht und zum Tageswert einlösbar, binnen Nächstem aus Majestibilitätsbeleidigung zusammen, wobei man davon ausgehen kann, daß achtzehn Fischkutter ausreichen dürften, um das Zeug von Lissabon heranzuschaffen.

Das einfache irische Volk: Und wo kommen die Kutter rein?

Ich: Für gewöhnlich in Howth.

Das einfache irische Volk: Nein; was haben die Kutter mit dem anderen Kram zu tun, den Sie gerade gesagt haben?

Ich: Schon gut. Ich wollte nur sehen, ob Sie noch mitlesen. Übrigens: Neulich abends habe ich in einer Gastwirtschaft etwas sehr Witziges gesehen.

Das einfache irische Volk (kichernd): Ja? Was denn?

Ich: Einen Spruch an der Wand. Und der ging so: »Wir haben uns mit unserer Bank geeinigt. Sie verkauft keine Getränke, und wir lösen keine Schecks ein.«

Das einfache irische Volk: Oha, ha ha ha! Ho ho ho! (Geräusch von Tausenden von Schenkeln, auf die man sich in krampfartigen Heiterkeitsanfällen schlägt.)

Ich: Na, also. Ich wußte doch, daß Ihnen das gefällt.

♣

Ich möchte diese Gelegenheit wahrnehmen und allen und jedem ein frohes neues Jahr wünschen und einen herzlichen Glückwunsch entbieten.

Das einfache irische Volk: Ist es dafür nicht schon ein bißchen spät am Tage?

Ich: Wenn mein schlichter und von Herzen kommender Gruß in Frage gestellt und bekrittelt wird, nehme ich ihn ganz einfach zurück.

Das einfache irische Volk: Na, los: Nehmen Sie ihn zurück.

Ich: Hiermit ist er zurückgenommen.

Das einfache irische Volk: Ganz schön dreist.

Ein hervorragender Tenor, dessen Schallplatten man kaufen kann, ist Sidney MacEwen. Er ist wirklich gut und singt einige unserer liebsten Lieder mit noch größerer Würde als mein lieber Freund Sowieso, den Gott segnen möge. Dem Namen nach muß er der schottischen Nation angehören. Seine Stimme ist reich und leicht und geschmeidig, und er gebraucht sie mit der Anmut und Kompetenz des wahren Künstlers. Hören Sie sich an, wie er »Ich sah sie auf der Kirchweih« und »Die Lerche in der klaren Luft« singt. Die Platte ist ihre drei Shilling wert und noch viel, viel mehr.

Das einfache irische Volk: Das geht aber heute ziemlich durcheinander.

Ich: YWSK ryeamdlkwo2&&J hu)O'&87! Und wie klingt das?

Das einfache irische Volk: Noch schlimmer.

Ich: Dann halt die Fresse!

In letzter Zeit stelle ich fest, daß die Grüne Insel immer grüner wird. Entzückende, Knospen ähnelnde Geschwüre zeichnen die Zweige unserer Bäume mit Narben; auf den

Rasenflächen des Oberlands kann man klumpige Märzbecher sehen. Der Lenz ist nah, und jedes anständige Mädchen denkt an das neue Frühjahrskostüm. Die Zeit wird geschmeidiger vergehen, bis Favonius, der Westwind, die gefrorene Matte wiederbelebt und die Rose und die Lilie auf dem Felde – sie säen nicht, sie spinnen nicht – mit neuen Gewändern putzt. Verdammt, meine Erinnerung rast zurück in meine Heidelberger Zeiten. Sonja und Lili. Und Magda. Und Ernst Schmutz, Georg Geier, Theodor Winkelmann, Efrem Zimbalist, Otto Grün. Und der Akkordeonspieler Kurt Schachmann. Und Doktor Oreille, Nachfahre irischer Fürsten. Ich hab' mein Herz / in Heidelberg verloren / in einer lauen / Sommernacht. / Ich war verliebt / bis über beide / Ohren, / und wie ein Röslein / hatt' / ihr Mund gelächt oder so ähnlich humpty tumpty tumpty tumpty tumpty mein Herz it schlägt am Neckarstrand. Ein sehr schönes Studentenlied. Bier und Musik und um Mitternacht im Neckar schwimmen. Geplauder in irischem Gälisch mit Kun O'Meyer und John Marquess... Hélas, diese Klänge. Und als wir nahmen / Abschied vor den Toren, / beim letzten Küss, da hab' ich klar erkannt, / daß ich mein Herz / in Heidelberg verloren –: / MEIN HERZ, / es schlägt am Neck-ar-strand! Tumpty tumpty tum.

Das einfache irische Volk: Ist Deutsch nicht sehr ähnlich wie Irisch? Sehr guttural und so weiter?
Ich: Doch.
Das einfache irische Volk: Es heißt immer, daß die deutsche Sprache und die irische Sprache sehr gutturale Zungen sind.
Ich: Ja.
Das einfache irische Volk: Der Klang ist sehr guttural, falls Sie verstehen, was ich meine.
Ich: Ja.
Das einfache irische Volk: Sehr gutturale Sprachen, diese beiden Sprachen, Gälisch und Deutsch.

♣

»An die Redaktion. Sir W. Beach Thomas fragt: ›Gibt es irgendwo ein Tier, das sich völlig still verhält?‹ Das außergewöhnlichste Beispiel für nahezu absolutes, wenn nicht sogar tatsächlich vollständiges Stillschweigen bei den landbewohnenden Tieren ist die Giraffe. Man hat von ihr, soviel ich weiß, bisher lediglich ein ganz schwaches Blöken zu hören bekommen, wenn sie mit Futter geneckt wurde.«

Dieser Brief erschien neulich im Londoner *Spectator*. Er erinnert mich daran, daß ich seit Jahren ein seltsames kleines Tier in meinem Haus beherberge. Es sieht einem Affen nicht unähnlich, aber da es nachts der Ruhe pflegt, muß es etwas anderes sein. Das »Gesicht« ist überaus verwittert und alt. Das Geschöpf ist mit einem rauhen Pelz bedeckt und hat noch nie ein Geräusch von sich gegeben. Es ernährt sich hauptsächlich von Büchern und Zeitungen und nimmt manchmal ein Bad im Küchenspülstein, wobei es die Wasserhähne sehr geschickt mit der »Hand« bedient. Es geht nur selten aus und ist auf seine Weise liebenswürdig. Ich fürchte und schäme mich davor, es jemandem zu zeigen, weil ich mit irgendeiner grausigen Erklärung konfrontiert werden könnte. Nur mal angenommen, es wäre ein listig verkleideter kleiner Mann, ein exzentrischer Weiser aus Indien, der hierhergekommen ist, um uns zu studieren. Woher soll ich wissen, daß er sich nicht alles in einem kleinen Buch notiert hat?

Das einfache irische Volk: Mein lieber Mann, Sie werden feststellen, daß es ein zu groß geratener Wüstling von einem Dachs ist, den Sie da im Hause haben. Diese Burschen beißen Ihnen die Hand ab wie nichts.

Ich: Tatsache?

Das einfache irische Volk: Mit den Burschen kann man gar nicht vorsichtig genug sein. Die fressen einem das Gesicht weg, wenn man im Bett liegt und schläft. Schmeißen Sie ihn raus, bevor er Sie ruiniert hat, Mann. Schon manchem guten Mann wurde der Hals von einem Dachs mit den Klauen aufgekratzt. Und Dachse, die nicht mal bellen, sind ganz besonders gefährlich.

Ich: Danke für die Warnung.

Das einfache irische Volk: Ein guter, starker Dachs kann einem Mann mit einem einzigen Tritt des Hinterbeins den Arm brechen; da machen Sie mal lieber keinen Fehler. Weisen Sie dem Dachs die Tür. Chinese oder nicht.

Ich: Danke, ich werde seine Aufmerksamkeit auf jenes nützliche Portal zu lenken wissen.

Ihr Gesicht strahlte. Sie blickte auf, spürte die Leidenschaft, die in jedem Zug des straffen, mageren Gesichts geschrieben stand. Ihre Augen trafen sich.

»Mary!« schrie er.

Er bückte sich und nahm sie in die Arme. Wie stark er war, wie herrisch! Mit welcher Endgültigkeit er ihren zerbrechlichen Leib an sein hämmerndes Herz drückte!

»Mary!« schrie er wieder, heiser diesmal.

Ihre Lippen trafen sich. Himmel und Erde schienen zu ...

Das einfache irische Volk: Worum geht es hier, in drei Teufels Namen, eigentlich?

Ich: Das ist eine Szene aus meiner neuen Serie, die nächste Woche in dieser Kolumne beginnt.

Das einfache irische Volk: Aber das ist doch bestimmt nicht der Anfang, oder? So kann man keine Geschichte anfangen lassen.

Ich: Nein, das ist nicht der Anfang.

Das einfache irische Volk: Aber was ...

Ich: Waren Sie denn noch nie im Kino? Dies ist der

Vorspann. Der Vorspann zeigt die Höhepunkte der Geschichte.

Das einfache irische Volk (interessiert): Ach, ein Vorspann? Na, dann machen Sie mal weiter.

Ich: Gleich. Sobald Sie sich beruhigt haben.

♣

GUT GEGEBEN

Derek schloß die Tür und stand ganz still. Die Stille war unheilvoll. Sie verhieß dem kriecherischen Carruthers nichts Gutes, als sich dieser mit einem kränklichen Lächeln vom Sofa erhob.

»Hallo, Sternleigh; schön, Sie zu sehen«, stotterte er.

Derek antwortete nicht. Marys leises Schluchzen ließ die Muskeln seines Gesichts hervortreten wie Peitschenschnüre. Er ging zu ihr, half ihr auf die Beine und geleitete ihre stockenden Schritte behutsam zur Tür.

»Warte bitte im Nebenzimmer«, sagte er sanft. »Ich habe hier noch etwas zu erledigen.«

Als sie fort war, wandte er sich mit stählerner Bedrohlichkeit an Carruthers, dessen frisch entzündete Zigarette eine Nonchalance andeuten sollte, die von der zitternden Hand, welche sie hielt, Lügen gestraft wurde.

»Nun, Carruthers«, stieß er aus, »stehen Sie auf! Es erstaunt Sie wohl, mich hier zu sehen, was? Dachten wohl, ich sei getötet worden, als Ihre Mietlinge mich in jenen alten Brunnenschacht warfen, wie? Dachten wohl, Sie könnten jetzt endlich gefahrlos Fräulein Shunk mit Ihren schleimigen Aufmerksamkeiten behelligen, wie? Stehen Sie auf, Sie Widerling, und nehmen Sie entgegen, was ich Ihnen zugedacht habe!«

Carruthers tat, als wolle er sich erheben, war aber im Nu zum Kaminvorsatz gesprungen, gegen den ein massives Schüreisen, wie man sie aus der Alten Welt kennt, neben anderem Kaminzubehör gelehnt stand.

»Oh, nein! Das könnte Ihnen so passen!« Dereks flinkes Auge hatte das Manöver bemerkt. Mit einem einzigen athletischen Satz hatte er den Zwischenraum überwunden und dem Gegner die tödliche Waffe aus der Hand geschlagen. Bleich vor Wut fuhr Carruthers herum. Mit todsicherer Präzision kam Derek zum Stehen. Dann schoß seine gefürchtete Linke hervor wie eine Pleuelstange, traf Carruthers an der Kinnspitze. Bewußtlos krachte er auf den Fußboden wie ein Stein oder sonst ein Ding aus unbelebter Materie.

Das einfache irische Volk: Gut gemacht, gut gemacht! Geschieht ihm recht, dem Schweinehund!

Ich: Ruhe! Es geht nämlich noch weiter.

Und was nun Mary, die Rose von Tralee, betrifft, so wird man sich erinnern, daß es nicht nur ihre Schönheit war, die jeden für sie einnahm, oh nein: die Wahrheit war's, die stets in ihren Augen dämmerte. Dessen eingedenk, faßte das Myles-na-gCopaleen-Institut für Sozialforschung jüngst den Entschluß, die Damen von heute daraufhin zu überprüfen, ob die Wahrheit immer noch in ihren Augen dämmert. Ein Nachforscher wurde mit dem Auftrag ausgesandt, hundert Damen in ein Gespräch zu verwickeln und ihre Augen auf Spuren von Wahrheit zu untersuchen, und zwar im Dämmerzustand, voll gedämmert, sinkend oder sonstwie. Er blieb eine Woche lang fort und kehrte dann zurück, um folgende Aufzeichnung seiner Forschungsarbeit vorzulegen:

45 % Leichte Mydriase, wahrscheinlich auf den Genuß von Schlankheitsmitteln zurückzuführen.

21 % Ptose der Lider durch defekten Nervus okulomotorius, Anisokorie, Ophthalmia, ein oder mehrere kleine Gerstenkörner.

18 % Überfunktion der Schilddrüse.

14 % Retina-Blutung, Papillar-Ödeme, Exophthalmus.
1 % Mikulicz'sche Krankheit.
1 % Lähmung des Musculus orbicularis oculi.
»Nirgends Anzeichen von dämmernder Wahrheit?« fragten wir.
»Nein«, sagte er, »aber das ist noch nicht alles. Ich werde eine davon heiraten.«
»Welche?« fragten wir.
»Die Mikulicz'sche Krankheit«, sagte er. »Und drei bildhübsche kleine gelbe Gerstenkörner hat sie obendrein.«
Wir kamen überein, ihm die Gehaltserhöhung für Verheiratete zu gewähren, und wechselten das Thema, indem wir dieses irre gute Stück von Toselli auflegten.

♣

EIN EKELHAFTER KOMPLIZE

Da lag Carruthers, reglos. Derek stand über ihm und sah auf ihn herab, Verachtung stand in jedem Zug seines straffen, mageren Gesichts geschrieben. Hinter ihm öffnete sich lautlos die Tür, um den Blick auf Sloanes finstere Gestalt freizugeben, des schurkischen, gelbgesichtigen Billard-Markörs, dem der Verdacht anhaftete, einer von Carruthers Mietlingen zu sein. In seiner Hand befand sich eine geladene Queue. Lautlos stahl er sich über den Teppich, bis er sich hinter Derek Sternleighs nichtsahnender Gestalt befand. Ohne einen Laut wurde die geladene Queue erhoben...

Das einfache irische Volk: Dreh dich um! Dreh dich doch UM!

Ich: Ruhe! Kapieren Sie denn nicht, daß jetzt erst mal Schluß ist? Wenn Sie wissen wollen, was passiert ist, müssen Sie abwarten und die Geschichte lesen. Hatte Derek davon gewußt? Mußte er seinen gefürchteten Salto rückwärts anwenden, um den feigen Gegner zu verwirren und zu enervieren? Ging Mary, durch die unheilvolle Stille beunruhigt, zur Tür zurück, um ihren Liebsten noch rechtzeitig zu warnen?

Das einfache irische Volk: Na? Ist sie an die Tür gegangen?

Ich: Abwarten, abwarten. Bestellen Sie jetzt schon die nächste Nummer.

♣

An einem noch nicht allzu lange zurückliegenden Donnerstag ging ich ins Kino und sah einen großgewachsenen Herrn namens Randolph Scott in einem Film namens »Stahlharte Fäuste«. Gegen Ende des Films gerät Randolph mit einem anderen Mann in einer Kneipe in ein Handgemenge. Wenn das Handgemenge vorbei ist, gibt es keine Kneipe mehr. Der Kampf ist so heftig, daß die Kneipe nur noch aus ganz kleinen Stücken besteht. Randolph wird, da er der Böse ist, fürchterlich verbimst, frchxtrlxh farbyymmst, bmsterlch vrifuxt, östrlch umschnuxt...

Das einfache irische Volk: Wie bitte?

Ich: Ich fühle mich so komisch... Dunkelheit... Nasenbluten... schwindlig... wo bin ich?

Das einfache irische Volk: Schon gut; das kriegt man im Kino auch oft zu sehen –; das liegt an der Höhe. Sie sind zu weit oben. Kein Sauerstoff. Piloten haben auch oft ein Blackout. Bemühen Sie sich auf der Seite ein bißchen weiter nach unten, und schon sind Sie wieder der Alte.

Ich: Alles klar. Danke.

Das einfache irische Volk: Geht es Ihnen jetzt besser?

Ich: Ja, danke. Jetzt geht es mir schon viel besser. Also, wie ich eingangs sagte, Randolph wird ganz fürchterlich verprügelt, und wenn der Film aufhört, sieht er aus wie eine einzige Schweinerei. Aber am Abend darauf sah ich zufällig denselben Randolph in einem Film, welcher, glaube ich, »Der Texaner« hieß. Ich kann nur sagen: Topfit sah er aus und blendend erholt, nach der Senge, die er am Abend zuvor bezogen hatte.

Das einfache irische Volk: Nehmen Sie doch mal einen Augenblick lang Vernunft an, Mann. »Der Texaner« ist ein alter Film. Ein richtig alter Schinken. »Stahlharte Fäuste« dagegen ist ein neuer Film. Wenn man den einen Film an einem Abend und den andern am andern Abend sieht, heißt das doch noch längst nicht, daß ...

Ich: Ich war voreilig, das gebe ich zu. Nächstes Mal denke ich nach, bevor ich's Maul aufreiße.

Ja. Mal sehen. Gar nicht übel hier unten. Irgendwie ... kühl. Mein Papa war ja noch Dachdecker, aber mir persönlich haben große Höhen nie gelegen. Obwohl ich mir so manches liebe Mal eine *Irish Times* voller Fritten bei diesem italienischen Burschen namens Vertigo gekauft habe.

Was habe ich denn da in der Tasche? Einen schmutzigen Fetzen Papier. Eine Überschrift, die ich aus der Zeitung ausgeschnitten habe. SPRACHE IN GEFAHR. Wenn ich ein kultivierter Europäer wäre, würde ich das natürlich so auffassen, daß eine dumpfe barbarische Mundfäule droht, die ausgetüftelte empfindliche historische Maschinerie für zwischenmenschliche Beziehungen zu vergiften, jene subtilen artikulativen Mittel der Verständigung, das Wunder der menschlichen Sprache, das sich über mehr als tausend Lichtjahre über das Richtziel für angehende Kanoniere hinaus entwickelt hat, orfische Telepathie, ein dreifach donnerndes Mäntelchen in den Wind gehängt und so weiter. Aber ich weiß es besser.

Da ich ein insulierter westlicher Wilder bin, mit dickem Haarbewuchs auf den Fußsohlen, schöpfe ich sofort den Verdacht, daß es dies fabelmäßige submythische erseparantische Geplapper ist, das Irische, welches zu dem Batte – Entschuldigung; kann ja mal passieren – zur Débatte steht.

Ja. Vor zwanzig Jahren wurden die meisten von uns gemartert durch die Unzulänglichkeit noch der zivilisiertesten, der kunstvollsten, der entwickeltsten Sprachen, den Erfordernissen der menschlichen Gedanken zu genügen, den Nuancen interpsychischer Kommunikation, dem Ausdruck der stummen, gepeinigten Pathologien der Post-Versailles-Epoche dienlich zu sein. Unsere strangulierten Gefühle, unter dem verzweifelten Mangel an einem ausreichend subtilen Vehikel leidend, entluden sich in den unreifen Grobheiten des Kriegsromans. Aber hie und da verlachte ein feinerer Intellekt den Lauf, den die Dinge nahmen. Tzara hängte sein unglückliches Mäntelchen auf seinen Dada (frz. für Steckenpferd, wie Sie ganz sicher wissen), der arme Jimmy Joyce schaffte das King's English ab, Paulsy Picasso begann, Papierpuppen auszuschneiden, und ich...

Ich?

Soweit ich mich erinnere, gründete ich die Rathmines-Zelle der Gälischen Liga. Da ich nichts zu sagen hatte, fand ich es wichtig, eine entlegene Sprache wiederzubeleben, in der sich absolut nichts sagen ließ.

Warum Stühle? Man bedenke, daß der Mensch vor den Möbeln erschaffen wurde. Deshalb wurde er geschaffen, auf daß er auf dem Fußboden sitze. Wenn er es heutzutage ungemütlich findet, auf dem Boden zu sitzen, kann man folgern, daß der menschliche Körper durch Tausende von Generationen schurkischer Stühlebauer modifiziert und geschwächt wurde. Frauen wurden in unserer Zeit durch hohe Hacken verändert. Zwischen hohen Hacken und Stühlen ist die Sorte von Leuten, der man sich nur behutsam nähert. Aber ich werde Ihnen was sagen. Kein Stuhl der Welt kann sich in seiner widrigen Wirkung auf den Menschen mit einem Stuhl messen, der von diesen Amerikanern erfunden wurde. Ich meine den elektrischen Stuhl. Man möchte nicht auf so einem Stuhl sitzen, und wenn es das Leben gälte. (Ja, ich weiß. In einem abgelegenen Teil des Gefängnisses verdüstern sich die Lampen für einen Augenblick; Wallace Beery wirft unter seinen zottigen Brauen hervor Tyrone Power einen Blick zu – beide tragen die Kleidung von Lebenslänglichen in jenem Großen Haus – und murmelt: Yeah, jetzt haben sie Joe drangekriegt. Sie haben Joe fertiggemacht, Kleiner. Joe war ein toller Bursche. Ich muß hier raus.) Und dann der verdammte Suchscheinwerfer auf der Gefängnismauer, das Gestotter der Tommy Guns von der Firma Thompson, dann der Ausbruch, AUSBRUCH...

Das einfache irische Volk: Hinaus in den Dschungel, mein lieber Mann! Menschenfresser und Klapperschlangen und Schweine, so groß wie Kühe, mit ihren riesigen vorstehenden Hauern! Das schaffen sie nie!

Ich: Und selbst wenn sie es schaffen. Mal angenommen, sie schaffen es bis zur Küste, was dann? Das mit Haien verseuchte Meer um die Kleinen Sunda-Inseln!

Das einfache irische Volk: Und dann die Männer mit Motorbooten, die mit Tommy Guns auf sie losballern!

Ich: Oha.

♣

Buchhandhabung

Neulich habe ich dem Haus eines frischverheirateten Bekannten einen Besuch abgestattet, und dieser Besuch gab mir zu denken. Mein Bekannter ist sehr vermögend und sehr vulgär. Als er sich darangemacht hatte, Bettstellen, Tische, Stühle und was nicht alles zu kaufen, kam ihm die Idee, auch noch eine Bibliothek anzuschaffen. Ob er lesen kann, weiß ich nicht, aber irgendeine primitive Beobachtungsgabe sagte ihm, daß die meisten Menschen von Rang und Ansehen jede Menge Bücher im Haus haben. Also kaufte er mehrere Bücherschränke und bezahlte einen schurkigen Mittelsmann dafür, sie mit neuen Büchern aller Art vollzustopfen, darunter einige sehr kostspielige Bände, welche die französische Landschaftsmalerei zum Thema hatten.

Ich bemerkte bei meinem Besuch, daß keins dieser Bücher je geöffnet oder angefaßt worden war, und erwähnte diese Tatsache.

»Wenn ich mich erst mal ein bißchen eingelebt habe«, sagte der Narr, »komme ich auch wieder dazu, etwas Lektüre nachzuholen.«

Und das gab mir zu denken. Warum sollte so ein wohlhabender Mensch sich die Mühe machen und so tun, als läse er überhaupt? Warum sollte da nicht ein professioneller Buchhandhaber auf den Plan treten und seine Bibliothek für Soundsoviel pro Regal angemessen zerzausen? So ein Mensch könnte, die nötige Qualifikation vorausgesetzt, ein Vermögen verdienen.

♣

4 ESELSOHREN I PENNY

Lassen Sie mich erklären, was ich meine. Die Ware in einer Buchhandlung sieht völlig ungelesen aus. Anderseits sieht das Latein-Wörterbuch eines Schuljungen so gelesen aus, daß es fast in Fetzen fällt. Man weiß, daß das Wörterbuch vielleicht eine Million Mal aufgeschlagen und überflogen wurde, und wenn man nicht wüßte, daß es so etwas wie Ohrfeigen gibt, würde man folgern, daß der Junge völlig versessen auf Latein ist und es nicht erträgt, von seinem Wörterbuch getrennt zu sein. Ähnlich ist es bei unserem Schwachkopf, welcher möchte, daß seine Bekannten aus einem flüchtigen Blick in sein Haus schließen, er könne nur ein Intellektueller sein. Er kauft sich ein riesiges Buch über Russisches Ballett, möglichst noch in der Sprache jenes fernen, aber schönen Landes abgefaßt. Unser Problem ist es nun, das Buch in angemessen kurzer Zeit so zu verändern, daß jeder, der es betrachtet, nur folgern kann, daß sein Besitzer damit mehrere Monate lang praktisch gelebt, gespeist und geschlafen hat. Nun können Sie, wenn Sie wollen, das Gespräch auf den Entwurf einer Maschine bringen, die, von einem kleinen, aber leistungsfähigen Benzinmotor angetrieben, jedes Buch in fünf Minuten »liest«, so daß das Äquivalent einer »Lese«-Zeit von fünf oder zehn Jahren durch einfachen Knopfdruck erzielt wird. Dies jedoch ist die billige, seelenlose Lösung, wie sie in unsere schnellebige Zeit paßt. Keine Maschine kann die gleiche Arbeit verrichten wie die sanften Finger eines Menschen. Der geübte und erfahrene Buchhandhaber ist die einzig wahre Antwort auf diese zeitgenössische soziale Frage. Was tut er? Wie arbeitet er? Was würde er berechnen? Wie viele Arten der Handhabung würde es geben?

Diese Frage und noch viele andere werde ich übermorgen beantworten.

AUS DER WELT DER BÜCHER

Ja, die Frage der Buchhandhabung. Vorgestern sprach ich über den Bedarf, den wir an einem professionellen Buchhandhaber haben, einem Menschen, der die Bücher analphabetischer, aber wohlhabender Emporkömmlinge so zaust, daß die Bücher aussehen, als seien sie von ihren Besitzern mindestens zweimal gelesen worden. Wie viele Arten des Zausens würde es geben? Ohne länger darüber nachzudenken, würde ich sagen: vier. Angenommen, man bittet einen erfahrenen Handhaber, die Handhabung eines Buchregals von vier Fuß Länge zu veranschlagen. Dann würde sich sein Kostenvoranschlag in vier Abteilungen gliedern:

Handhabung volkstümlich. Jeder Band wird gut und gründlich gehandhabt, davon pro Stück vier Blatt mit Eselsohren, sowie Straßenbahnfahrschein, Gepäckschein-Abschnitt oder anderer vergleichbarer Gegenstand als vergessenes Lesezeichen beigelegt. Sagen wir 1 Pfund 7 Shilling Sixpence. Fünf Prozent Ermäßigung für Staatsbeamte.

Erstklassige Handhabung. Jeder Band wird vollendet gehandhabt, vier Blatt pro Stück mit Eselsohren versehen, in nicht weniger als 25 Bänden wird eine geeignete Passage mit Rotstift unterstrichen, und als vergessenes Lesezeichen bekommen alle Bände je eine Flugschrift über Victor Hugo in französischer Sprache. Das kommt dann 2 Pfund 17 Shilling Sixpence. Fünf Prozent Rabatt für Literaturstudenten, Staatsbeamte und Sozialarbeiterinnen.

♣

DAS PASSENDE FÜR JEDEN GELDBEUTEL

Das Großartige an diesen abgestuften Tarifen ist, daß niemand unwissend oder ungebildet erscheinen muß, nur weil er oder sie arm ist. Denn nicht jeder vulgäre Mensch, merken wir uns, ist wohlhabend, obwohl ich da einige ...

Wie auch immer. Wenden wir uns nun den aufwendigen Graden der Handhabung zu. Der folgende ist seinen Aufpreis voll wert.

Handhabung De Luxe. jeder Band wird übel zugerichtet, die Buchrücken der kleineren Bände werden in einer Weise beschädigt, die den Eindruck entstehen läßt, sie seien in Brust- oder Hosentaschen herumgetragen worden, eine Passage in jedem Band wird mit Rotstift unterstrichen plus Ausrufungs- oder Fragezeichen am Seitenrand, ein altes Programm vom Gate Theatre wird jedem Band als vergessenes Lesezeichen beigelegt (drei Prozent Ermäßigung, wenn alte Programme des Abbey Theatre akzeptiert werden), nicht weniger als dreißig Bände werden mit alten Kaffee-, Tee-, Porter- oder Whiskeyflecken behandelt und nicht weniger als fünf Bände mit dem gefälschten Namenszug des Autors versehen. Fünf Prozent Rabatt für Bankfilialleiter, Landräte und Geschäftsführer von Betrieben mit nicht weniger als 35 Beschäftigten. Eselsohren werden auf Anweisung extra angefertigt; 2 Pence das halbe Dutzend pro Band. Wahlweise Preisliste für alte Pariser Theaterprogramme anfordern. Dieser Service ist nur für begrenzte Zeit im Angebot. Netto 7 Pfund 18 Shilling 3 Pence.

BESTELLEN SIE IHR EXEMPLAR SCHON JETZT

Die vierte Stufe ist die Superbe Handhabung, obwohl sie eigentlich nie so genannt wird; *Le Traitement Superbe* ist die weit üblichere Bezeichnung. Sie ist so superb, daß ich heute keinen Platz für sie habe. Sie wird nächsten Montag an dieser Stelle erscheinen, und um diesen Anlaß zu ehren, wird die *Irish Times* an jenem Tag auf handgeschöpftem antikem durchwirktem hadernhaltigem halbgerupftem extrafeinem niederländischem Papier bedruckt erscheinen, jedes Exemplar von mir persönlich signiert und mit einem exquisiten

Bild des Old House in College Green in Drei-Farben-Steindruck-Technik als Beilage. Das mindeste, was Sie tun können, ist, Ihr Exemplar im voraus zu bestellen.

Und noch eine Bemerkung. Es genügt nicht, daß Sie Ihr Exemplar bestellen. Bestellen Sie es *im voraus.*

♣

Man wird sich erinnern (wie, in drei Teufels Namen, hätte man es vergessen können?), daß ich letzten Freitag das Thema der Buchhandhabung behandelte, meinen neuen Service, der unwissende Menschen, die gern in den Verdacht geraten wollen, Leser zu sein, in die Lage versetzt, ihre Bücher in einer Weise handhaben und zausen zu lassen, daß der Eindruck entsteht, ihr Eigentümer sei ihnen zärtlich ergeben. Ich beschrieb drei Stufen der Handhabung und versprach zu erklären, was Sie in der vierten Abteilung erwartet: die Superbe Handhabung bzw. *Le Traitement Superbe,* wie wir Burschen sie nennen, die wir unsere Flitterwochen in Paris verbracht haben. Sie ist die teuerste von allen, sowieso, aber weit billiger als Schmutz, wenn Sie das hohe Maß an Prestige bedenken, das sie Ihnen in den Augen Ihrer lachhaften Freunde einbringen wird. Hier sind die Details:

Le Traitement Superbe. Jeder Band wird gut und wirklich und wahrhaftig gehandhabt, zuerst von einem qualifizierten Handhaber und dann von einem Meister-Handhaber, der auf nicht weniger als 550 Handhabestunden zurückblicken kann; geeignete Passagen in nicht weniger als fünfzig Prozent der Bücher werden mit roter Qualitätstinte unterstrichen, und am Rand wird eine angemessene Redensart aus der Liste s. u. beigefügt:

Quatsch!
Ja, allerdings!
Sehr wahr, sehr wahr!

Da bin ich aber ganz anderer Meinung.
Warum?
Ja, aber vgl. Homer, Od. III, 151.
Na, na, na.
Schon, aber Bossuet hat in seinem Discours sur l'histoire universelle den gleichen Nachweis geführt und viel gehaltvollere Erklärungen gegeben.
Unsinn, Unsinn!
Gut gegeben!
Aber *warum,* um Himmels willen?
Ebendies hat mir vor Jahren der arme Joyce gesagt.

Muß ich hinzufügen, daß man auch jederzeit spezielle und exklusive Redensarten anfordern kann? Der Aufpreis ist nicht sehr hoch, wirklich nicht.

♣

AUSSERDEM

Das ist natürlich noch nicht alles. Hören Sie sich dies an:

Nicht weniger als sechs Bände werden mit gefälschten Zuneigungs- und Dankbarkeitsbezeugungen vom Autor des betreffenden Werks versehen, z. B.:

»Für meinen alten Freund und Zunftkollegen A. B. in liebevoller Erinnerung von George Moore«, »In dankbarer Anerkennung der großen Freundlichkeit, die Du, lieber A. B., mir hast angedeihen lassen, sende ich Dir dieses Exemplar von ›Der güldene Krug‹. Dein alter Freund James Stephens«.

»Tja, A. B., wir sind beide nicht mehr die Jüngsten. Angeblich habe ich mich inzwischen zu einem ganz passablen Schriftsteller gemausert, aber ich bin immer noch nicht alt genug, die unendliche Geduld zu vergessen, die Du bewiesen hast, als Du meine jungen Füße auf dem Pfad der Literatur geleitetest. Nimm dieses Buch, und mag es noch so dürftig sein, entgegen, und glaube mir bitte, daß ich immer bleiben werde, was ich war und bin: Dein Freund und Bewunderer G. Bernard Shaw.«

»Von Ihrem ergebenen Freund und Jünger K. Marx.«

»Lieber A. B.: Deine unschätzbar wertvollen Vorschläge und Dein Beistand – die Freundlichkeit gar nicht zu erwähnen, die Du an den Tag legtest, als Du das gesamte 3. Kapitel umgeschrieben hast –, all das berechtigt Dich wie keinen andern zu diesem ersten Exemplar von ›Tess‹. Dein alter Freund T. Hardy.«

»Da ich mir das große Vergnügen, Sie persönlich zu besuchen, im Augenblick versagen muß, lieber A. B., sende ich Ihnen dieses Exemplar von ›The Nigger‹. Mir fehlt Ihre Gesellschaft mehr, als ich sagen kann . . . (Unterschrift unleserlich)«

Man wird die Matschbirne, der dieses Buch gehört, bitten, folgenden Spruch unter die Zueignung zu schreiben (und ihm nötigenfalls zeigen, wie man das macht): »Der arme alte Conrad war gar nicht mal der Übelste.«

All dies hat länger gedauert, als ich dachte. Und es wird noch viel mehr geboten für die lumpigen 32 Pfund 7 Shilling Sixpence, die Sie die Superbe Handhabung kosten wird. In ein bis zwei Tagen hoffe ich, die alten Briefe erläutern zu können, die als vergessene Lesezeichen beigepackt werden, jeder einzelne ein exquisites Stück Fälscherkunst. Bestellen Sie Ihr Exemplar schon jetzt.

♣

BUCHBEHANDLUNG

Ich versprach, etwas mehr über den vierten – oder Superben – Grad der Buchhandhabung zu sagen.

Mein Kostenvoranschlag beinhaltet auch, daß nicht weniger als zehn Bänden gewisse alte Briefe beiliegen, offenbar vor Zeiten als Lesezeichen verwendet und lange vergessen.

Jeder Brief wird die gefälschte Unterschrift irgendeines bekannten Windbeutels tragen, der mit Ballett, Verseaufsagen, Volkstanz, Holzschneiderei oder einer ähnlichen Betätigung befaßt ist, die so frei von festen Regeln ist, daß sie die Schwachköpfe in ganzen Schwärmen anzieht. Jeder Brief wird eine makellose Fälschung sein und A. B., dem Besitzer des Buches, für sein »sehr freundliches Interesse an unserer Arbeit« danken, wird Bezug nehmen auf seine »unschätzbaren Ratschläge und Belehrungen«, sein »beispielloses Wissen« um die Spielregeln des Hupfdohlenwesens, die »kundige und geduldige Art, mit der er das *corps* am Montagabend führte«, wird ihm für seine so großzügige – zu großzügige – Subskription in Höhe von zweihundert Guineen danken, »die ich mehr zu würdigen wußte, als ich sagen kann.« Als aktueller Anreiz wird ein zusätzlicher Brief beigelegt – kostenlos. Er wird unterzeichnet sein (oder doch zumindest diesen Eindruck erwecken) von dem einen oder anderen jungen Ausländer der lärmenden Sorte, welche unser schönes Land mit ihrer Anwesenheit beehren. Das wird den halbherzigen Ehrgeiz der meisten respektablen Plebejer befriedigen und sie dazu bringen, ihre Filiale an jener etwas verstopften Verkehrsader, die man die Straße ins Verderben nennt, nicht zu schließen.

Den Herren, die sich mit mir im Dubliner Kulturbund zusammengeschlossen haben, ist klargeworden, daß jetzt nicht die Saison dafür ist, von einfachen Menschen durch das Medium des kunstinfizierten Bettelbriefs Bargeld zu ernten, und sie weiden nun auf unverbrauchten Matten. Unsere neueste Schiebung ist der Myles-na-gCopaleen-Buchklub. Treten Sie ihm bei, und ersparen Sie sich die nervzermürbende Plackerei, die damit verbunden ist, wenn man sich seine Bücher selbst aussucht. Wir nehmen Ihnen die Auswahl ab, und wenn Sie das Buch bekommen, ist es *vor-gelesen,* d. h. bereits durch die Hände unserer erfahrenen

Handhaber gegangen, und das ohne Aufpreis. Sie ersparen sich die Mühe, es zu besudeln und zu zerknittern, damit Ihre Freunde glauben, Sie könnten lesen. In unregelmäßigen Abständen gibt es für Mitglieder, die gern ein Gespräch wie das folgende führen, auch ein Buch, das auf dem Index steht –:

»Sag an, Alter, hast du diesen Reißer schon gelesen?«
»Da bin ich mir gar nicht mal so sicher.«
»Es steht nämlich auf dem Index, mein Guter.«
»Oha.«

Und das alles ohne den üblichen Unsinn; Sie brauchen kein Formular auszufüllen, keinen Prospekt anzufordern oder ähnlich Ärgerliches zu tun. Sie schicken uns einfach Ihre 21 Shilling, und schon nehmen Sie teil an diesem großen kulturellen irischen Volksaufstand.

♣

UNSER NEUER SERVICE

Wir bekommen viel Briefe von vermöglichen Menschen, *die keine Bücher haben*. Trotzdem wollen sie, daß man sie für gebildet hält. Sie fragen an, ob wir ihnen helfen können?

Natürlich. Niemand soll glauben, nur Buchbesitzer wären schlau. Die Myles-na-gCopaleen-Patent-Eskorte ist die Antwort.

Warum ein blöder Blindgänger sein? Werden Sie von Ihren Bekannten gemieden? Gehen die Leute auf die andere Straßenseite, wenn sie Sie kommen sehen? Rennen die Leute in wildfremden Häusern die Treppe hoch, behaupten, sie wohnten dort, und verschaffen sich gewaltsam Zutritt ins Vestibül, wenn Sie vorbeikommen? Wenn Sie diese Art Mensch sind, müssen Sie heute noch den neuen Service nutzen. Andernfalls könnten Sie genausogut auch tot sein.

♣

UNSER NEUER SERVICE (ERLÄUTERUNG)
Und so kam es dazu. Seit einiger Zeit wird der Kulturbund von einer Horde arbeitsloser Bauchredner belagert, die uns um einen Job anflehen. Diese Herren sind nun sorgfältig ausgebildet und zu einem Corps formiert, welches in diesem neuen Begleit-Service tätig sein wird.

Nehmen wir einmal an, Sie sind eine Dame und so komplett dämlich, daß sich die Hunde auf der Straße weigern, Sie anzuknurren. Sie rufen beim Kulturbund an und erklären Ihren Kummer. Sie sind entzückt, wie geduldig und mitfühlend man Ihnen zuhört. Man trägt Ihnen auf, daß Sie sich noch am selben Abend im Foyer des Gate Theatre einfinden und dort nach einem hochgewachsenen, vornehm wirkenden Herrn mit militärischer Körperhaltung Ausschau halten sollen, der einen makellosen Abendanzug trägt. Sie gehen hin. Sie sehen ihn. Lächelnd kommt er auf Sie zu, ohne auf all die anderen hübschen Käfer zu achten, die sich dort breitmachen. Einen Augenblick später bürstet sein Schnurrbart Ihre Lippen.

»Ich habe Sie doch nicht warten lassen, Lady Charlotte«, sagt er liebenswürdig. Was für eine entzückend tiefe, männliche Stimme!

»Überhaupt nicht, lieber Graf«, antworten Sie, und Ihre Stimme ist das Geklingel silberner Glöckchen. »Und ein solcher Abend für Ibsen. Man ist in der richtigen Stimmung, irgendwie. Eine Übersetzung kann natürlich nie ganz dasselbe sein. Erinnern Sie sich an jene Nacht ... in Stockholm ... damals?«

♣

DAS GEHEIMNIS
Die Sache ist natürlich die, daß Sie sich gehütet haben, irgend etwas zu sagen. Ihre einzige Sorge soll während des ganzen Abends sein, daß Sie den Mund halten, und zwar

gründlich. Ihr geschulter Begleiter beantwortet seine eigenen männlichen Fragen mit einer Stimme, die viel angenehmer ist als Ihr eigenes unfeminines Gequake, und er gibt Antworten, die die Leute hinter Ihnen durch ihre Brillanz und ihr Gefunkel in Erstaunen versetzen werden.

Es gibt natürlich solche und solche Begleiter; das hängt ganz davon ab, wieviel Sie lockerzumachen bereit sind. Wollen Sie Ihren Begleiter in einem literarischen Streitgespräch während der Pause auspunkten? Weitere Informationen über unseren fesselnden neuen Service in diesem Blatt.

»Wirklich Spitze, Godfrey, daß ich dich hier im Theater treffe!«

»Ja, freut mich auch. Ehrlich.«

»Was hast du so in letzter Zeit getrieben?«

»Ich bin endlich mal wieder ein bißchen zum Lesen gekommen.«

»Na, bravo. Am Ball bleiben. Die ganze Richtung.«

»Ja, ich hab' jede Menge Bücher über Bali gelesen, weißt du.«

»Ballett verzaubert mich immer wieder. Magst du die Petipa?«

»Da bin ich mir nicht so sicher, aber sie scheinen eine vollständige eigene Kunst entwickelt zu haben, weißt du. Ihr Sinn für *décor* und ganz allgemein ihr Gefühl für die Plastik sind einfach unglaublich.«

»Ja, der gute, alte Dérain hat ihnen da schrecklich gute Arbeit geleistet; das war, glaube ich, für das Spectre. So irgendwie monochrom, weißt du.«

»Aber ihr Gefühl für Material ist so profund und ... beinahe lastend. Man denkt unwillkürlich an Courbet.«

»Ja, oder Ingres.«

»Oder Delacroix, meinst du nicht?«

»Unbedingt. Hast du die Karsavina gelesen?«

»Natürlich.«

»Natürlich, wie dumm von mir. Ich habe sie neulich gesehen, weißt du.«

»Ach, ich wußte gar nicht, daß sie auch Balinesin ist.«

»Balinesin? Was meinst du damit?«

»Aber...«

»Aber...«

♣

ERKLÄRUNG

Dieses lächerliche Gespräch fand vor kurzem in einem irischen Theater statt. Das Zeug wurde mit lauter Stimme vorgetragen, damit es jeder hören konnte. Es war nur eine der vielen Hochleistungen des Kulturbund-Begleiter-Service. Man kann die Horde ausgebildeter Bauchredner jetzt überall in der Stadt und in den Salons von ebenso wichtigen wie unwissenden Menschen hören, wo sie ihre Ein-Mann-Konversationen aufführen. Kennen Sie jetzt das System? Wenn Sie sehr dumm sind, mieten Sie einen unserer Bauchredner, und er wird Sie in die Öffentlichkeit begleiten und absolut das gesamte Gespräch übernehmen. Die schlauen Antworten, die Sie allem Anschein nach geben, werden Sie ebenso verblüffen wie die Menschen ringsum.

Das von mir zitierte Gespräch ist eins der teuersten auf der ganzen Preisliste. Sie werden bemerkt haben, daß es ein ernstes Mißverständnis enthielt. Stellen Sie sich doch nur mal meinen Scharfsinn vor: Ich lasse den Bauchredner mißverstehen, was er selbst sagt! Begreifen Sie meine List, meine doppelte Doppelzüngigkeit, mein Spiel mit der Ignoranz und der Leichtgläubigkeit! Ist es ein Wunder, daß ich die Banklaufbahn eingeschlagen habe?

♣

Begleiter

DER ÄRGER MIT DEN BEGLEITERN

Der Verdruß, den ich vor ein paar Tagen erwähnte, begann so. Eine etwas einfältige junge Dame mietete sich jemanden, den sie für einen echten Kulturbund-Begleiter gehalten hatte, und ging mit ihm ins Gate Theatre. Vor dem Stück und während der ersten Pause waren Dutzende von Lauschern von der Sprödigkeit verblüfft, mit der in dieser Ein-Mann-Konversation Hieb um Hieb mit elegantem Gegenhieb pariert wurde. Die Dame selbst, die kaum wußte, wie man sich auf eigene Faust einen Haferbrei bestellt, war von der außerordentlichen Stille entzückt, welche die hitzige Gesprächsführung ihres Gefährten hervorrief. Ganz plötzlich sagte er laut:

»Übrigens, altes Mädchen, gehört das Kleid, das Sie heute abend anhaben, Ihrer alten Dame?«

Gleichzeitig fand die unglückliche Kundin eine vorgedruckte Karte, die ihr unter die Nase geschoben worden war. Der Text lautete:

»Sehen Sie sich nicht um, bewegen Sie sich nicht, und rufen Sie nicht die Polizei. Wenn Sie nicht auf der punktierten Linie unterzeichnen, daß Sie mir für heute abend einen zusätzlichen Fünfer springen lassen wollen, werde ich bejahend antworten und fortfahren, indem ich mich über Ihre armselige Kesselflickerbluse auslasse. Spielen Sie mit, und niemand kommt zu Schaden. Seien Sie auf der Hut! Gezeichnet Der Schwarze Schatten.«

Das arme Mädchen hatte natürlich keine andere Wahl, als den dargebotenen Bleistift zu ergreifen und ihren Namen zu kritzeln. Sofort war zu hören, wie sie mit ihrer froh funkelnden Stimme sagte:

»Wirklich, Godfrey, das ist das erste Mal, daß ich zweimal dasselbe Kleid trage; du bist aber auch zu drollig! Heutzutage muß man sehen, daß man vierzig Guineen etwas länger streckt, schon mal den Gürtel enger schnallt, die ganze Richtung.«

♣

ES KOMMT NOCH SCHLIMMER
Nach der Vorstellung kam es im Foyer zu einer außergewöhnlichen Szene. Der Gatte der Dame kam, um sie abzuholen, und unverzüglich wurde ihm der Schuldschein des »Begleiters« präsentiert. Die Forderung – £ 5,– aus heiterem Himmel! – ließ sein Gesicht die Farbe in Kriegszeiten gebräuchlichen Brots annehmen. Brüllend forderte er von seiner Frau eine Erklärung. Ströme von Tränen und Gestammel waren alles, was sie herausbrachte. Dann fuhr der Gatte den Begleiter an und brandmarkte ihn als einen, der seine Beutezüge auf Kosten wehrloser Frauen unternehme, als Wucherer und Erpresser der dunkelsten Schattierung.

»Und Sie da drüben mit dem Whiskey-Gesicht«, fügte er, offenbar an ein bekanntes und angesehenes Mitglied der Jurisdiktive gewandt, hinzu, »Sie mag ich auch nicht, und ich hätte nicht übel Lust, Ihnen den roten Hals zu brechen!«

Der verblüffte Rechtsgelehrte (nicht, daß er ein Jota weniger verblüfft gewesen wäre als der erregte Gatte) wechselte ebenfalls die Farbe (Zigarrenasche) und lief auf der Suche nach einem Polizisten auf die Straße hinaus. In seiner Abwesenheit begann der Gatte, die Frau eines weiteren Umstehenden zu beleidigen und ihren Gefährten herauszufordern – »Du traust dich ja doch nicht!« –, er solle ihn, den Gatten, schlagen. Dieser Wunsch wurde, kaum geäußert, schon erfüllt. Der unauffällige »Schwarze Schatten« eilte ritterlich herbei, hob die hingestreckte Gestalt auf und entzog während dieses Vorgangs ihren Taschen gewandt alles, was aus Silber gefertigt war, sowie Banknoten. Es war ein geläuterter Krieger, welcher zum gegebenen Zeitpunkt den Armen des vom Regen glitzernden Polizisten überantwortet wurde.

Dies ist, ich brauche es kaum zu sagen, nur ein Anfang. Fürchterliche Schandflecken für unsere Zivilisation sollten noch folgen.

♣

DIESE BEGLEITER

Lassen Sie mich noch ein paar Details über den Verdruß mit den Begleitern anfügen. Als allgemein bekannt wurde, daß es einem Mann, der nicht dem Kulturbund angehörte, gelungen war, einem Kunden durch Drohungen eine Fünf-Pfund-Note zu entsteißen, betraten Horden skrupelloser Bauchredner den Schauplatz und verwandelten unsere Theaterfoyers in eine Wildnis aus falschen Stimmen, ungesagten Bemerkungen, anonymen Beleidigungen, Reden ohne Redner und skandalösen Äußerungen, die keinen bekannten Äußerer hatten. Jede zweite Person trug eine leere, verblüffte Miene zur Schau, da sie gerade einen Fremden mit einer unverlangten Beleidigung bedacht oder, vielleicht, eine solche entgegengenommen hatte. Natürlich wurden Schläge ausgetauscht. Von unschuldigen Besuchern vom Lande, die zum ersten Mal ins Theater gingen und sich der Lage nicht bewußt waren, konnte kaum erwartet werden, daß sie sich den brutalen Spott irgendeines harmlosen Anwesenden bieten ließen. Oder es war genau umgekehrt. Der erste Eindruck, den der Besucher von unseren intellektuellen Theatern gewann, war nur allzuoft ein Schwinger in die Magengrube, der Preis für irgendeine fürchterliche Bemerkung, die man von ihm gehört hatte, als er zur Tür hereinkam.

Geübte Theaterfreunde haben sich angewöhnt, auf jene

beinahe nicht wahrnehmbare kleine Pause zwischen der echten Antwort auf eine Frage und dem unechten Addendum eines übelgesinnten Bauchredners zu lauschen. Folgendermaßen:

»Zigarette gefällig?«

»Danke nein (Pause), Sie papageienkralliger, drosselschnäbliger, taubenbrüstiger Clown!«

»Gefällt Ihnen das Stück, Miss Plug? (Pause) Ich frage nur aus Höflichkeit, denn daß eine analphabetische Schlampe wie Sie sich eine Meinung zu welchem Thema auch immer anmaßt, ist mehr, als ich zu verstehen vermag!«

»Der erste Akt war richtig Spitze, fand ich. (Pause) Sie haben Ei auf dem Schlips, Sie Schwein!«

Und so weiter, wie ich leider sagen muß.

♣

AUSSERDEM

Viele ziehen es heutzutage vor, während der Pausen im Zuschauerraum zu bleiben. Sie haben eine Todesangst vor dem, was ihnen entfahren könnte, wenn sie sich hinausbegäben, um ein wenig Luft zu schnappen. Das bedeutet natürlich, daß sie sich mit den leiseren und tödlicheren Schlangenbissen sitzender Unzufriedener abfinden müssen, damit, in einer Phantomwelt mißgünstigen Gemurmels, geisterhaften Geflüsters und anonymer Artikulationen des skandalösesten Charakters zu sitzen, von Fluten bedrohlicher Postkarten ganz zu schweigen. Von dieser Güte:

»Schieben Sie mir ein Pfund rüber, oder ich sorge dafür, daß Sie den Herrn, der neben Ihnen sitzt, fragen, woher er das Geld für seine Eintrittskarte hat. Obacht! Versuchen Sie nicht, um Hilfe zu rufen. Gezeichnet Die Graue Spinne.«

»Leeren Sie alles, was Sie in Ihrer Handtasche haben, in meine rechte Jackentasche aus, und vergewissern Sie sich,

daß niemand Sie dabei beobachtet! Andernfalls werden Sie den Abend damit verbringen, Fremde mit anzüglichen Scherzfragen zu überschütten, sogar während der Vorstellung. Denken Sie nicht zu schlecht von mir; wir müssen alle leben. Ich habe Frau und zehn Kinder. Ich tue dies, weil ich muß. Gezeichnet Das Glühwürmchen.«
»Zahlen Sie mir sofort 25 Shilling, oder ich bringe Sie ganz groß raus. Keine Mätzchen! Gezeichnet Der Falke Mit Der Kapuze.«
»Dies ist ein Überfall. Ziehen Sie sich den Ring vom Finger, und lassen Sie ihn in die Falte meiner Hose gleiten. Andernfalls werden Sie die Schauspieler im nächsten Akt durch Zwischenrufe stören, und denken Sie mal, was Hilton dazu sagen wird. Gezeichnet Der Mikado.«
Und dies ist nur das Vorgeplänkel. Was danach geschah, ist wieder eine andere Geschichte. Stellen Sie sich nur mal Lord Longford vor, wie er sagt: »Hat hier zufällig jemand einen Handball dabei? Ich fordere jeden zu einer kleinen Mondscheinpartie heraus, oben im Botanischen Garten, gegen den Giebel des Schwesternheims!«

(Hilton Edwards, Lord Longford und Michael Mac Liammoir sind die Gründer des Gate Theatre.)

♣

»Stecken Sie fünf einzelne Banknoten in einen Umschlag, und kleben Sie den Umschlag mit Kaugummi unter Ihren Sessel, bevor Sie das Theater in der ersten Pause verlassen. Bleiben Sie mindestens zehn Minuten draußen. Und, wie gesagt, keine Mätzchen. Wenn Sie mich auflaufen lassen, können Sie was erleben. Gezeichnet Der Grüne Mikado.«
Die etwas verängstigte Dame, die mir dies mysteriöse Schreiben neulich im Abbey Theatre zeigte, fragte mich, was sie tun solle. Natürlich riet ich ihr, sie solle Mut fassen

und sich nicht mit jenen üblen Stimmen gemeinmachen, die das Theater der Nation heimsuchen wie die Nissen von Pestüberträgern das Rückenfell einer Ratte. Ich versprach ihr den Beistand meiner echten Kulturbund-Begleiter, und zwar in wachsendem Umfang, bis das Bächlein zum reißenden Strom angeschwollen sei. So betrüblich und düster die Aussichten auch seien, versicherte ich ihr, so sicher würden unsere mächtigen und unerschöpflichen Quellen vereint, um dem gemeinsamen Ziel zu dienen. Dann rief ich mein Begleiter-As an. Seine Frau sagte, er sei ausgegangen, sie würde ihm aber eine Nachricht zukommen lassen. Ich wußte, daß er keine Frau hatte. Er erschien, als sich gerade der Vorhang hob.

♣

DRAMATISCHER VORFALL

Meine Bekannte hatte tapfer die Drohung ignoriert, und wir alle setzten uns mit einiger Beklommenheit für den zweiten Akt auf unsere Plätze. Wann genau würde der gefürchtete Mikado zuschlagen? Was meinte er damit, sie könne was erleben? Jeden Augenblick erwartete ich, von ihr irgendeine gräßliche Bemerkung zu hören, an der sie so unschuldig gewesen wäre wie ein ungeborenes Kind.

Der Schlag kam ganz plötzlich. Im Stück entstand eine längere Pause an einer Stelle, an der die Geschichte ein Stadium der Krise erreicht hatte. Eine Pause, aber keine Stille. Ein Schauspieler, der auf der linken Seite der Bühne stand, elektrisierte das Publikum, indem er sagte:

»Wissen Sie, ich frage mich schon den ganzen Abend, wer in drei Teufels Namen diese fette Kuh mit der Pelzjacke ist. Die Zweite von links in der dritten Reihe!«

Wie vom Donner gerührt, wandte ich mich an meinen Begleiter.

»Alles in Ordnung«, flüsterte er. »Ihre Bekannte ist die

Fünfte von rechts. Der Zusatz kam von mir. Ich hatte das erwartet. In Leipzig ist das jetzt die übliche Methode.«

Unterdessen wurde dem unbekannten Opfer ins Freie geholfen, das Theater befand sich in Aufruhr, der Vorhang war gefallen, und der fuchsteufelswilde Ehemann stürzte bereits hinter die Bühne, um den Grund für all dies zu erfahren.

♣

Grauenhafte Entwicklungen haben im Zusammenhang mit dem Begleiter-Skandal stattgefunden. Ein ganz bestimmtes Theater ist zum Tollhaus geworden, in dem »Stimmen« und rauhe Neckereien toben, obwohl die Direktion die törichte Regel aufgestellt hat: »Niemand, der wie ein Bauchredner aussieht, findet Einlaß.« Wenn man etwas sagt, wird keiner glauben, daß man es gesagt hat. Schon ein simples »Wieviel Uhr ist es?« ruft lediglich ein wissendes Lächeln und einen abschätzenden Blick in die Miene des nächststehenden unbeteiligten Zuschauers hervor; dies oder irgendeine ungewöhnliche Antwort wie »Matschgesicht!«, »Wer will das wissen?«, »Höchste Zeit, sich von einem Schurken wie Ihnen zu befreien!«

Unterdessen unternehmen anständige Menschen Schritte, um ihre Interessen zu schützen. Neulich war ich in einem Stück und mußte wohl oder übel einen skandalösen Monolog mit anhören, der offenbar von meinem Nachbarn zur Rechten vorgetragen wurde, einem sehr respektabel aussehenden älteren Mann. Ich beobachtete ihn aus dem Augenwinkel und sah, wie seine Hand sich in eine Innentasche senkte. Suchte er seine Karte? War er Der Schwarze Drache, der im Begriff stand, mir eine gedruckte Drohung unter die Nase zu schieben? Ja, die kleine weiße Karte war in seiner Klaue! Eine Sekunde später wurde sie geschickt in mein Blickfeld gehalten. Stellen Sie sich mein Erstaunen vor, als ich sie las:

»Ich gebe Ihnen mein feierliches Ehrenwort, daß ich Staatsbeamter bin und daß die entsetzliche Sprache, die Sie von mir hören, von einer anderen Person ausgeht. Gez. Nur Ein Kleiner Beamter.«

Sehen Sie, worauf ich hinauswill? Er hatte Angst, es zu *sagen*. Denn wenn er es gesagt hätte, wäre auf seine Erklärung sofort eine derbe Beleidigung gefolgt, die meiner Frau gegolten hätte, welche neben mir saß.

♣

JEDER MIT SEINER EIGENEN KARTE

Später im Foyer erlebte ich ein weiteres Beispiel. Ich stand und rauchte, als ein kleiner Herr zu mir sagte: »Entschuldigen Sie, daß ich mich an einen Fremden wende, aber ich kann mich nur unter den größten Schwierigkeiten davon zurückhalten, Ihnen mit einer Ramme das Steak mit Fritten durcheinanderzubringen, das Sie vor der Vorstellung verputzt haben, Sie Geck!« Sogleich zog er eine Karte hervor und überreichte sie mir:

»So wahr mir Gott helfe, ich bin ein Kranführer aus Drogheda und habe den Schnabel nicht aufgemacht, seit ich hier bin. Husten Sie zweimal, wenn Sie mir glauben. Gez. Ned, Der Kranführer.«

Ich hustete und ging davon. Aus Spaß sagte ich zu einer Dame, die in der Nähe stand: »Hallo, Vettel! Wie geht's deinem Alten?« Ihre Antwort war das süße, geduldige Lächeln, wie es Leidensgenossen austauschen mögen, die gemeinsam nächtelang dem Hungertod widerstanden haben. Was für eine Welt!

♣

Patentrezepte

Der Artikel, der hier heute abgebildet ist (hätten Sie's gewußt?), ist ein Schneemesser. In Irland gibt es gegenwärtig nur sehr wenige. Er ist aus Kupfer, und er besteht aus einem Trichter oder Auffangrohr für den Schnee, welches sich inwendig erweitert, dann achtzehn Fuß weit nach unten führt und dem Schnee gestattet, in eine darunter angebrachte Pfanne zu fallen. Ein Gehäuse, das mit heißem Wasser beheizt wird, umgibt den Schneemesser und wird zum Schmelzen des Schnees verwendet. Durch diese Anordnung kann der Schnee nicht entweichen; er schmilzt und läuft in den Eimer (unten), wo er genau gemessen werden kann.

»Und nun?« werden Sie sagen. Ich werde Ihnen sagen, was nun. Es ist ein großer Vorteil damit verbunden, einen

Schneemesser auf dem Gelände zu haben. Nehmen wir einmal an, irgendein mondgesichtiger junger Mensch, welcher Proust liest, lungert bei Ihnen herum und schwatzt über Kunst, Leben, Liebe und so weiter. Bestimmt beherrscht er ein paar Sätze französisches Gewäsch, die er in passenden Intervallen sorgsam hervorkramt, so, wie man einer Geldbörse Münzen entnimmt. Unweigerlich wird der Tag kommen (selbst wenn Sie viele Jahre auf ihn warten müssen), an dem er aufseufzt und sagt:

»*Mais où sont les neiges d'antan?*«

Hier liegt Ihre Chance. Hier können Sie sich voll ins Zeug legen. Packen Sie den Dummkopf beim Genick, marschieren Sie mit ihm zum Schneemesser hinaus und rufen Sie:

»Im Eimer, Sie Narr!«

Ich wette, danach geht es Ihnen ganz schön gut.

Einige der Burschen, die im Liffey Junction Tunnel arbeiten, kamen neulich zu uns und beschwerten sich, daß Rafferty, der mit dem 493er »dahinmangelt« und die Schwellenleger fast plattwalzt, bevor sie ihm aus dem Weg springen können, ihnen beinahe die Kleidung vom Leibe gefetzt habe. Sie bekommen kein Öl für ihre Laternen und können nicht sehen, daß der Grobian kommt, wenn er noch in einer gewissen Distanz ist. Sie haben es mit Knallkörpern, auf die Schienen gelegt, versucht, aber Rafferty hat es gemerkt, und nun pumpt er reichlich Spurkranz-Schmiermittel, wodurch die Knallerbsen zerstört werden. Dabei kommt noch mal jemand zu Tode, sagen sie, wenn kein Weg gefunden wird, Rafferty zu überlisten. Wir haben uns, natürlich, im Büro mit der Sache beschäftigt. Den meisten Eisenbahnern ist bewußt, daß jeder Tunnel unter etwas leidet, was als »Bodenfeuchtigkeit« bezeichnet wird; es ist dies eine unangenehme feuchte Brise, die durch die untere Hälfte des Tunnels weht. Keine nackte Flamme könnte dort überleben. Das Problem wurde, natürlich, gelöst, und die Lösung ist

hier bildlich dargestellt. Sie ist ein patentierter Tunnelmanns-»Stift«. Er wird zum Halten einer Kerze verwendet, und der ganze Witz liegt darin, daß die Kerze weit oben nahe dem Tunneldach angebracht werden kann, wo die Flamme ohne Störung brennen wird, und zwar sogar während der Durchfahrt eines Zuges. Ein weiterer Vorteil liegt darin, daß der Stift umklappbar ist, wenn er gerade nicht gebraucht wird, und bequem in Hosen- oder Werkzeugtasche getragen werden kann.

Der Debattierklub des mit der Central Bank Corporation verbundenen Büropersonals traf sich letzten Sonntag; den Vorsitz führte Twinfeet J.

Nachdem er das Thema, »Die Feder ist mächtiger als das Schwert«, vorgestellt hatte, sagte *Mr Chaine,* die menschliche Rasse habe seit unvordenklicher Zeit, lange vor dem Heraufdämmern der Geschichte, Respekt vor dem menschlichen Intellekt an den Tag gelegt. Dieser Respekt habe nicht nur das Wüten der Zeit erfolgreich überstanden, sondern auch die wilden Attacken von Marodeuren, besonders zu Zeiten geistlicher Herrschaft. Alle großen menschlichen Revolutionen seien von den Federn großer Denker inspiriert gewesen, die mit dem zeitlosen Verständnis des Genies im menschlichen Geschick geschürft hätten. Er bat die Versammlung, der, wie sie zu nennen er sich die Freiheit genommen habe, »Vorrangstellung der Feder« einstimmig beizupflichten.

Mr O'Queen, der sich gegen die These aussprach, stellte fest, schon der Gang durch ein x-beliebiges Museum beweise, daß die Entwicklung des menschlichen Körpers der beherrschende Wesenszug jener Herrlichkeit namens Griechenland gewesen sei. Literatur und die Künste könnten nur in einer Zivilisation gedeihen, deren Gründer das Schwert zu führen wüßten. Das Schwert zu bewundern bedeute nicht notwendigerweise eine Billigung der Prinzipien des Militarismus, der Doktrin physischer Kraft oder der prinzipienlosen Maxime eines »Macht geht vor Recht«. Die Ertüchtigung des Körpers könne auch ohne die Unterdrückung von Minderheiten oder das Führen von Kriegen sichergestellt werden, und eine solche Entfaltung impfe auch gleichzeitig sportliches Verhalten und Mannhaftigkeit ein. Die Pfadfinderbewegung sei so ein Fall. Die Versammlung entsinne sich bestimmt der Gefühle, wie sie von keinem geringeren Poeten als William Wordsworth so glücklich ausgedrückt worden seien:

»Kampf ist dem Ruhm stets vorzuziehen,
Das Spiel dem Siegerkranz.
Erschlag den Feind, doch ehre ihn,
Sein's kühnen Auges Glanz.«

Er bat die Anwesenden, sich hinter Aristoteles' Motto des mens sana in corpore sano (»ein gesunder Geist in einem gesunden Körper«) zu stellen und die These einstimmig zu verwerfen.

Miss Eiderdown sagte, es laufe auf nichts weniger als eine Verneinung der Demokratie hinaus, wenn man andeute, der gewöhnliche Mann auf der Straße, dessen Interesse an Literatur und Kunst sich auf das Allerdürftigste beschränke, sei den sogenannten Schriftstellern oder »Rittern der Feder«, als welche sie sich zweifellos mit einer Einbildung, die für sie typisch sei, selbst bezeichnen würden, unterlegen.

Mr Tramm, bestrebt, die These zu stützen, legte dar, daß Irland eine Lampe der Zivilisation gewesen sei in einer Zeit, als die druidischen Nebel und miasmischen Dämpfe des heidnischen Materialismus Europa umhüllten, und es – Irland – verdanke den Ruhm seines goldenen Zeitalters der lebenslangen Hingabe an Bücher und andere Objekte der Verehrung und des Respekts. Es wäre wohl ein trauriger Kommentar zu unserer ruhmvollen, an Geschichte und Geschichten reichen Vergangenheit, wenn die Versammlung beschlösse, den Alarmglocken des Krieges, die noch nie ein Problem gelöst, sondern stets nur Plünderung, Krankheit und Tod im Gefolge hätten, vor den Dingen des Geistes den Vorzug zu geben.

Mr Snagge erkundigte sich, ob Alexander, Pippin, Karl der Große, Cäsar, Napoleon und andere tapfere Krieger der geschichtlich erfaßten Vergangenheit – durchaus auch Patrick Sarsfield, der Graf von Lucan – ohne Bedeutung seien? Sollten sie dem Vergessen anheimfallen, weil sie es unterlassen hatten, literarische Ergüsse abzusondern?

Mr Mosse stellte fest, daß Irland, wären die dänischen Marodeure nicht gewesen, heute eine Literatur hätte, die hinter keiner anderen zurückstehen müßte.

Miss Tablett sagte, Kriege seien auf den Umstand zurückzuführen, daß Frauen die angemessene Repräsentation in den beschlußfassenden Gremien der Nation verweigert würde. Frauen bestellten das Haus, aber diese Häuser würden von Männern zerstört, welche von Habsucht und Machtgier verderbt seien. Frauen, unterstrich sie, sollten ihre Rechte geltend machen.

Mr Scugge sagte, der vielgepriesene Beveridge-Plan sei nichts anderes als ein Mittel der Bestechung, um die soziale Revolution zu verhindern; er sei kein Allheilmittel oder Patentrezept gegen die himmelschreienden sozialen Mißstände der aktuellen Gegenwart. Was der Arbeiter wolle, sei ein Arbeitsplatz, kein Almosen.

Twinfeet J. stellte in seiner Zusammenfassung fest, daß – vom Motor mit Außenverbrennung einmal abgesehen – obskurantistischer Chauvinismus der Fluch sei, der auf diesem Zeitalter laste. Die menschliche Rasse müsse zu den Grundlagen zurückkehren und der schädlichen Doktrin des *laissez-faire* eine Abfuhr erteilen. Er sei ein unerbittlicher Gegner der Besteuerung von Nahrungsmitteln.

Die These wurde mit 44 gegen neun Stimmen angenommen, und die Versammlung löste sich auf.

♣

Kultur und Gesellschaft

Neulich habe ich mir den »Pflug und die Sterne« angesehen, und das brachte mich ins Denken. Hier ist das alte Stück, von neuen Schauspielern revitalisiert und rekonstruiert. Jetzt ist es besser, vielleicht, aber es ist anders. Könnte man nicht verfügen, daß ein Stück von denselben Schauspielern gespielt wird, solang sie leben? Wenn Jahre später einer oder zwei gestorben sind, könnte eine kurze Programmnotiz die Abwesenheit der fehlenden Charaktere erläutern, und die verbliebenen Darsteller könnten entsprechend agieren. »Ach ja, an dieser Stelle kam dann in der guten, alten Zeit der arme, alte Fluthers rein, sei der Herr ihm gnädig, es ist hier auch nicht mehr, was es mal war, seit er weg ist.« Stellen Sie sich das Covey vor, wie ein alter Mann in den Siebzigern, der einzige Überlebende der ursprünglichen Besetzung, verzweifelt versucht, das Stück auf eigene Faust durchzuziehen, und alle Arten von Erklärungen und Segenssprüchen auf die Dahingeschiedenen zwischen den Zeilen seines eigenen Texts murmelt.

Möglicherweise wenn auch der letzte Schauspieler seinen himmlischen Lohn empfangen hat, könnte ich mich damit abfinden, daß eine völlig neue Truppe für das Stück rekrutiert wird. Aber vorher nicht.

Wenn Sie diese Kolumne einigermaßen sauberhalten und mir nach Gebrauch zurückgeben, werde ich Ihnen einen Nachlaß in Höhe eines halben Penny darauf gewähren. Denken Sie nicht allzu schlecht von mir; ich bin jung, meine Fingernägel sind abgebrochen, und es ist Jahre her, seit ich mir ein Vergnügen daraus machte, sie an Schiefertafeln glattzufeilen.

♣

Verschiedene Leute haben mir geschrieben, um mir wegen meiner Zeichnungen Komplimente zu machen und ihrem Erstaunen angesichts der verschiedenen Stilarten, die ich mir zu eigen machen kann, Ausdruck zu verleihen. Insbesondere wurden mir goldene Meinungsäußerungen, um nicht zu sagen laudationes, als Ergebnis meiner meisterhaften Handhabung der alten Kunst des Holzschnitts zuteil.

Es ist wahr, sie sind schön, meine Zeichnungen. Sie stellen den menschlichen Appetit auf Angenehmes und Wohlgetanes zufrieden. Es ist keine Lüge, wenn man sagt, sie seien ganz reizend.

Wie ich das mache?

Ich kann es nicht sagen. Genie, man kann es drehen, wie man will, ist etwas Seltsames. Talent, ja –: das kann analysiert und erklärt werden. Nicht so Genie. Ich selbst bin ein ebenso verwunderer Betrachter meines eigenen Werks wie jeder Leser. Wenn meine Finger zu zeichnen beginnen, bemerke ich oft, wie ich unfreiwillige Keucher der Überraschung und Aufregung ausstoße. Ein paar rasche Striche, und die Sache ist fertig. Das Ganze ist in einem Augenblick vorbei. Jeder Strich ist an seinem Platz, jeder zarte, kleine Schatten aufs exquisiteste schraffiert.

Und diese Finger! Sie sollten sie sehen. Sie sind reich mit Ringen geschmückt, quasi mit einer Kruste aus exotischem Opal, Lapislazuli, Myrmon aus Benghasi, unvergleichlichem Kastanienspat vom Orient, wo er am weitesten ist. Sie sind lang, nervig und wunderschön geformt, die Finger eines Künstlers. Bitte beachten Sie ihre weiße, durchscheinende Haut, vollkommen genarbt, die ebenso vollkommen gepflegten Nägel, bleiches, zartes Fleisch, unter einer Perlenhülle rosa durchflutet, die zerbrechliche, beinahe weibliche Rundung des Daumens. Auch mein Gesicht . . .

Das einfache irische Volk: Könnten wir uns das Gesicht bis morgen aufsparen?
Ich: Gewiß.

♣

Vor ein paar Wochen wurde ich unterbrochen, als ich gerade mit einer lange erwarteten Beschreibung meines Gesichts an die Öffentlichkeit treten wollte. Verschiedene besorgte Leser haben mich angeschrieben und gefragt, wann sie damit rechnen können. Meine Antwort ist, daß sie heute damit rechnen können. Nehmen wir uns die Gesichtszüge vor, einen nach dem andern, und treten wir dann zurück, wie man vor einem majestätischen Tizian oder van Gogh zurücktritt, und betrachten wir das ganze prächtige...

Das einfache irische Volk: Wird das lang dauern?
Ich: Nicht sehr.

Das einfache irische Volk: Wie lange denn etwa, über den Daumen gepeilt?

Ich: Nun, sagen wir zehn Zeilen für die weite homerische Braue, die königliche Braue, die doch von menschlicher Weisheit und Milde gekennzeichnet ist. Dann die Augen, makelloser weingrüner Opal von seltener Färbung, spröde und voll Überschwang gegen das Weiße himalajanischen Schnees...

Das einfache irische Volk: Noch mal zehn Zeilen?

Ich: Sagen wir sieben pro Auge. Das macht zusammen vierzehn.

Das einfache irische Volk: Sieben *pro Stück! Sie* meinen doch nicht, daß es da einen Unterschied gibt?

Ich: Nun, einen direkten Unterschied gibt es da nicht, nichts, was abstoßend oder unvereinbar genannt werden könnte. Aber trotzdem besteht dort eine ganz leichte Divergenz des *vivre,* eine gewisse undefinierbare, aber doch zauberhafte *indépendence,* so eine entzückende *drôlerie de la paupière*...

Das einfache irische Volk: Und was ist mit der Fresse und dem Riechkolben?

Ich: Wenn Sie den feingeformten, meisterlich...

Das einfache irische Volk: Kennen Sie *den* schon? –: Meine Schönheit gibt nicht sehr viel her. Da haben andre weit mehr...

Ich: Kenne ich, kenne ich. Aufhören!

Das einfache irische Volk: Doch ich lieb' mein Gesicht, denn ich seh' es ja nicht. Nur die Umwelt trägt daran schwer!

Ich: Der Herr steh uns bei!

Das einfache irische Volk: Können wir das Ganze nicht erst mal verschieben?

Ich: Meinetwegen. Aber nur der Himmel weiß, wen wir damit enttäuschen.

♣

Literarische Kritik

> Von dem, was er beschreibt, benennt,
> Versteh' ich fünf bis sechs %.
> Der Rest ist heillos hingeraunt –;
> Die Rede ist von Ezra £.

♣

Als der pedantische ältere Herr, der ich bin, habe ich mich vor ein paar Wochen sehr geärgert, und erst jetzt, da ich nicht mehr vor Wut schäume, kann ich mich (hin)setzen und (kälteren Blutes) darüber schreiben. Ich werfe einen Blick in jenes auswärtige Druckerzeugnis, die *Sunday Times,* und sehe, daß mein Freund Desmond MacCarthy Mr Eliots neuestes Ding, »Little Gidding«, erörtert. Mr MacCarthy erklärt den Titel des Buchs und schreibt wie folgt:

»Little Gidding ist, natürlich, der Name eines einsamen Fleckens, nicht weit von Peterborough entfernt, an welchem Nicholas Ferrar und seine wenigen Gefolgsleute unter der Herrschaft von Charles I. eine kleine, einfache Kapelle bauten, um dort ungestört beten zu . . .«

Nun gibt es in der gesamten Unterwelt des Gedruckten keine überflüssigere oder beleidigendere Redewendung als dieses »natürlich«. Warum »natürlich«? Es gibt wahrscheinlich auf der ganzen Welt nicht mehr als tausend Menschen, die je von Little Gidding gehört haben, und ich nehme, in meinem Namen und im Namen des kultivierten Zirkels, dem ich angehöre, die Unterstellung übel, jeder sei sich dieser unwichtigen Statistik bewußt. Es ist, als sagte man: »Mr Eliot behält, natürlich, die Schuhe in der Badewanne an.«

Dann werfe ich diese ausländische Zeitung weg und

greife zu etwas Anständigem und Einheimischem. In der *Bell* dieses Monats werde ich gebeten, einen Artikel über James Joyce als maßgebend und scharfsinnig zu akzeptieren. Im gesamten Beitrag wird das letzte Werk des Meisters konstant als »Finnegan's Wake« angesprochen. Dieser Apostroph hat (ich weiß das zufällig) das Ende von Mr Joyce beschleunigt. Unempfänglich für das Wesentliche zu sein, fürchte ich, gehört nicht zu den Grundvoraussetzungen, deren es zum Schreiben eines Artikels über Mr Joyce bedarf.

Schluß mit diesem Unsinn.

Nachdem ich die Angelegenheit in – natürlich all ihren Aspekten betrachtet habe, bin ich zu der Ansicht gekommen, daß es keine Entschuldigung für Lyrik gibt. Lyrik zahlt sich in Geld nicht angemessen aus, ist wegen der durch ihre Form bedingten Platzverschwendung teuer im Druck und verkündet fast immer illusorische Lebenskonzepte. Aber ein noch besseres Argument für ein Verbot aller Lyrik ist die simple Tatsache, daß die meiste Lyrik schlecht ist. Niemand wird tausend Tonnen Marmelade herstellen, weil er erwartet, daß vielleicht fünf Tonnen davon eßbar sind. Außerdem hat Lyrik auf die unerhebliche Handvoll ihrer Leser den Effekt, sie ihrerseits zum Schreiben von Lyrik zu stimulieren. Ein Gedicht, weit genug verbreitet, wird vielleicht eintausend mindere Exemplare hervorbringen. Der gleiche Einwand kann nicht auf dem Gebiet der Malerei oder Bildhauerei geltend gemacht werden, da diese Beschäftigungen Arbeitsplätze für Handwerker schaffen, welche die Materialien herstellen. Darüber hinaus sind Dichter gewöhnlich unangenehme Menschen, die arm sind und ständig darauf bestehen, jenes unglaublich langweilige Thema, »Bücher«, zu erörtern. Sie werden weiter oben bemerken, daß ich die Redewendung »illusorische Lebenskonzepte« verwendet habe.

Wenn Sie sie sorgfältig untersuchen, werden Sie bemerken, daß sie ohne jede Bedeutung ist, aber so was ist ja völlig unwichtig. Dichter sind unwichtig, und ein bißchen sinnloses Gerede hier und da ist ebenfalls unwichtig. Wichtig sind Essen, Geld und Gelegenheit, seine Feinde zur Sau zu machen. Man gebe einem Mann diese drei Dinge, und schon wird man nicht mehr viel Geplärre von ihm zu hören kriegen.

♣

Die schreibende Zunft besteht, und das ist wohlbekannt, nur aus einem Bündel tschechischer Blindgänger und böhmischer Tölpel, und wenn man mich einst in jener berüchtigten endgültigen Starre sehen wird, dann wird das nicht in ihrer Gesellschaft sein, obwohl ich voraussagen kann, daß durch die ganze Länge (die Breite gar nicht zu erwähnen) dieses reichen und seltenen Landes laute Klagerufe angestimmt werden werden, des Inhalts »*Wisha,* er war gar nicht mal der Übelste!« (Bah, wenn ich das mal so sagen darf, *omnia post obitum fingit maiora vetustas,* bzw. wenn ich mich nicht klar genug ausgedrückt habe, *maius ab exsequiis nomen in ora venit.*)

Mit dem anderen Haufen war es genau das Gleiche. Dieser Bursche La Fontaine, der ein Vermögen damit verdient hat, daß er Pater Peters *Aesoip A Tháinic go hEirinn* übersetzt hat –; wußten Sie, daß es dieser Pfuscher zeit seines Lebens nicht für nötig gehalten hat, jemals jemanden zu fragen, ob er überhaupt einen Mund hat. (Und das wäre eine nette Bemerkung, wenn man sie an jemanden richtet, der von Vampiren heimgesucht wird, oder?) Doch, das ist alles wohlbekannt. Und erinnern Sie sich noch an diesen anderen Heini, der Lady Gregorys Kram mit Französisch versetzt hat – Francis Villyan? Villyan war eine ziemliche Nervensäge. Einmal verbrachte er einen Tag mit La Fontaine. Dann stinksauer direkt nach Hause, und da hat er das Stück geschrieben, das folgendermaßen anfängt: *Je meurs de seuf aupres de la Fontaine chault comme feu, et tremble dent a dent* . . .

Hier ist nun etwas Erstaunliches, und das wird einer bestimmten Sorte von Lesern gefallen, egal, welcher Sorte. Betrachten Sie diese vier Wörter, welche gemeinsam das vollständige Bild vom letzten Krieg vermitteln.

```
K A I S E R
S E R B I A
J O F F R E
F R E N C H
```

Nun nehmen Sie Ihren Füllfederhalter (ein Bleistift tut es natürlich auch), und zeichnen Sie einen senkrechten Strich durch die Mitte der Wörter. Und wenn Sie die Wörter herunterlesen, bekommen Sie genau dieselben Wörter, wie wenn Sie von links nach rechts lesen. Kapiert?

Und nun zurück zu unserem ewigen Französisch. Jemand, der hier vor ein paar Sonnabenden etwas »besprach«, schrieb folgendes: »Eine Fehlinterpretation einer Passage (zitiert) aus Valérys ›Ebauche d'un Serpent‹, ein falsches Zitat . . . und den Namen von Laforgue zweimal falsch geschrieben –: das sind einige der minderen Freuden, welche dieses Werk dem Pedanten bescheren wird . . .«

Während ich dies schreibe, habe ich keins von Mr Vs Gedichten bei mir, hauptsächlich weil es so verdammt töricht aussieht, einen Bücherschrank in eine Kneipe zu transportieren, aber wenn ich nicht Miss Informiert bin, geht der Ebauche etwa so los:

>Parmi l'arbre la brise berce
>La vipère que je vêtis;
>Un sourire, que la dent perce,
>Et quelle éclair d'appétits,

> Sur le jardin se risque et rode,
> Et mon triangle d'émeraude
> Tire sa langue à double fil.

Und das ist nur die erste Strophe. Können Sie sich die höhnischen Teufelskerle vorstellen, die einander verachten, weil sie graue Unverständlichkeiten wie diese nicht verstehen? Was nun Laforgue betrifft, so ist, glaube ich, die korrekte Schreibweise seines Namens E-L-I-O-T. Da ist mir doch jederzeit die ernste Logik der deutschen Muse lieber (die allerdings in letzter Zeit, wie man mir sagt, durch einen Schuft namens Rilke beschmutzt wird), welche sich weder Unsinn noch irgendeine »Schwierig«keit gefallen läßt und sogar von Leuten gelesen werden kann, die nur einen B. A. in Deutsch haben.

> Hat alles seine Zeit.
> Das Nähe wird weit,
> Das Wärme wird kalt,
> Der Jünge wird alt,
> Das Kälte wird warm,
> Der Reiche wird arm,
> Der Narre gescheit,
> Alles zu seiner Zeit.

Davon natürlich ganz abgesehen, daß **der Flänn wird müde,** wenn mir eine persönliche Betrachtung in meiner züchtigen Göthe-Syntax gestattet ist.

Der irische Lexikograph Dinneen ist, wenn man ihn *in vacuo* betrachtet, weiß der Himmel, schon komisch genug. Er steht einfach weiterhin auf dem Kopf, bestreitet mannhaft, daß *piléar* Kugel bedeutet, und behauptet steif und fest, es heiße »eine unbewegliche Sache oder Person«. Nichts kann ihn rühren. Jedem, der ihn überführt, wird er Sonne, Mond und Sterne versprechen. Und das kann er auch. *Nehmen* Sie doch mal einen Augenblick lang die Sonne, den Mond und die Sterne. Die Sonne, sagen Sie, ist *grian*. Gar nicht wahr. Dinneen schreit, *grian* heiße »der Grund (eines Sees, einer Quelle)«. Das wurmt Sie ein bißchen, und Sie maulen, *gealach* heiße aber immerhin »Mond«. Wieder falsch. *Gealach* heißt »der weiße Kreis in einer Scheibe, die von einer halbgekochten Kartoffel, Steckrübe etc. abgeschnitten wurde«. Mit gelangweilter Stimme fügt er hinzu, daß *réalta* (natürlich) »eine Schramme auf der Stirn eines Tieres« bedeutet. Ganz bemerkenswerter Mann. Eklektisch ist, glaube ich, das richtige Wort.

Deshalb schreibe ich, natürlich, nicht mehr in irischer Sprache. Keine Sorge. Ich bin ja nicht von gestern. Nennen Sie mich ein bißchen pingelig, wenn Sie wollen, aber ich wüßte ganz gern, worüber ich schreibe. Verleumdung, wissen Sie. Da muß man vorsichtig sein. Wenn ich auf Irisch »Der letzte Donnerstag war ein sehr nasser Tag« zu schreiben vermeine, möchte ich einigermaßen sichergehen, daß das, was ich hingeschrieben habe, nicht »Mr Sowieso ist ein Dieb und Trunkenbold« bedeutet.

Übertreibe ich? Ganz und gar nicht. Sehen wir uns mal einen Augenblick lang das Irisch anderer Leute an. Nehmen wir zum Beispiel diese kleine Druckschrift namens *An Glór* vom 22. Januar (*Glór* heißt, natürlich, nichts anderes als »Lärm«; eine Anspielung auf das lustige Wort »noisepaper«: jede Wette). Auf der letzten Seite stehen ein paar Absätze über das Konzert, das vor ein paar Sonntagen im Capitol stattfand. Hier ist der Anfang:

Is rud nuadh ar fad cuirm cheoil siansach (symphony) a bheith ar siubhal in éinfheacht le cór Gaedhealach . . .

Zuallererst bemerke man die vorsichtige Erläuterung »symphony«. Sie sehen die Gefahr schon halb kommen. Aber zu spät. Dinneen brüllt uns bereits an. Sehen wir nach, was all dies Irisch wirklich bedeutet.

Zuerst *rud*. *Rud* heißt »Besorgnis, Mitleid, Sorge, Kummer«. *Nuadh* heißt »stärken, intensivieren«. Außerdem bedeutet es »Stärke«. *Fad* heißt lediglich »Länge«. Dann kommen wir zu *cuirm*. Der Lexikograph läuft sich bisher nur warm. Mit seiner beängstigend überlegenen Stimme erklärt er, daß *cuirm* »eine früher bei den Iren gebräuchliche Art von Bier; Getränke ganz allgemein; ein Festmahl oder Bankett« bedeutet. Er ordnet dem Wort absolut keine andere Bedeutung zu. *Ceol* bedeutet »Aktivität, Kraft, Schwung«. *Siansach* bedeutet (trotz der Erläuterung) »weise, vernünftig«. Das nächste Wort ist *siubhal,* und der schlaue Meister bringt mit rachelüsternem Geschick alles durcheinander, wenn er bekanntgibt, daß dieses Wort »ein musikalisches Taktmaß zwischen Schnell und Langsam (moderato)« bedeutet. Die Raffinesse dieses Schachzugs ist unglaublich. Er will nicht zulassen, daß *ceol* irgendwas mit Musik zu tun hat, aber bei *siubhal* besteht er darauf *In éinfheacht* heißt »sofort«, und *cór Gaedhealach* heißt »ein Trupp Soldaten ohne besondere Ausbildung«.

Nun wollen wir mal sehen, was wir haben. Dinneen sagt, die zitierte Passage habe die folgende Bedeutung:

> »Es besteht der Länge nach eine starke Befürchtung, daß ein weises und kräftiges antikes irisches Bier im selben *moderato*-Takt mit einem unausgebildeten Trupp Soldaten sein sollte.«

Ich folgere, daß der Schreiber (ich kenne diese Sorte) dies sagen wollte:

»Es ist etwas ganz Neues, wenn ein Symphoniekonzert zusammen mit einem gälischen Chor aufgeführt wird.«

Von Mr Charles Lynch heißt es, er biete *dreas ceoil,* »einen schwungvollen dornigen Brombeerzweig«. Er wird als *pianadóir* beschrieben. Dinneen sagt, *pianadóir* bedeute (ausschließlich) »eine Person, die Strafen austeilt, einen Peiniger«. Selbst wenn man davon ausgeht, daß wir Musik nicht allzusehr mögen: Ist das nicht ein bißchen ... hart? Und dann auch noch Dornenzweige! – Was für ein Mann.

♣

Eine Dame, die neulich eine Vorlesung über die irische Sprache hielt, wies auf die Tatsache hin (ich selbst habe sie bereits 1925 erwähnt), daß, während der durchschnittliche Englischsprecher mit lediglich 400 Worten auskommt, der irischsprechende arme ländliche Tagelöhner 4000 verwendet. Bedenkt man, was die meisten Englischsprecher mit ihrem winzigen Geräusche-Fundus erreichen können, dann ist es eine hübsche Spekulation, zu welchen Extremen man sich reduzieren lassen könnte, wenn man mit einem irischsprechenden Langweiler eingesperrt wäre und aller Mittel zum Mord oder Selbstmord beraubt.

Ich will, jedoch, auf folgendes hinaus. Das Verhältnis 400 : 4000 täuscht; 400 : 400 000 kommt der Sache näher. Es gibt im Irischen kaum ein einzelnes Wort (außer, möglicherweise, *Sasanach*), das einfach und explizit wäre. Abgesehen von Wörtern mit endlosen Nuancen verwandter Bedeutung, gibt es viele mit einem so kompletten Spektrum abgestufter Vieldeutigkeit, daß man jedes dazu bringen könnte, zwei einander direkt entgegengesetzte Bedeutungen auszudrücken –, und ebensogut auch eine Fülle von Zwischen-Begriffen, die mit beiden nichts zu tun haben. Und all das streng innerhalb linguistischer Schranken.

Auf all das lege man nun noch das Miasma ironischen Sprachgebrauchs, dichterische Freiheit, Oxymoron, *plamás,* keltische Ausflüchte, lautstarkes irisches Getöse, und man kann ziemlich sicher sein, sich hoffnungslos verrannt zu haben. Hier ist ein Beispiel, welches ich bei Dinneen, sowie bei authentischeren Quellen abgeschrieben habe, die nur dem kleinen Verf. bekannt sind:

Cur, Gen. *curtha* und *cuirthe* –: Tätigkeit des Legens, Setzens, Stellens, Schickens, Säens, Regnens, Diskutierens, Vergrabens, Erbrechens, In-den-Boden-Hämmerns, Durch-die-Luft-Werfens, Zurückweisens, Schießens, Anlegens einer Kartoffelmiete in einem Torfschober, Verkaufens, Adressierens; die Vorderseite schmiedeeiserner Knöpfe, durch den Kontakt mit Felsenklippen blankgescheuert; der Gestank beim Erstarren von Dachsnierentalg; das Leuchten der Leimläuse; ein Geräusch, in einem leeren Haus, von einer unbefugten Person verursacht; der Furunkel eines Reihers; der Zahnersatz eines Kobolds; ein Schafkeks; die Tätigkeit des Aufblasens von Hasenlosung mit Hilfe einer Fahrradluftpumpe; ein Leck in einer Wasserwaage; das Gejammer des Müllrads einer Kläranlage; das Geplapper eines Wachtelkönigs; der Schleim auf dem Auge eines senilen Widders; der Knödel eines Müllkutschers; das Fagott eines Käfers; die Tätigkeit, jeden Spalt mit flüssigem Erz zu verschmieren; der Fluch eines Tauben; eine der Blasket-Inseln; eine Kur; die Berufskrankheit eines Fiedlers; der Vater einer Patenfee; der Schwindelanfall eines Falken; die Kunst, Vergangenes vorauszusagen; ein hölzerner Mantel; ein Mörser für Vanille; die heimatliche Farm einer Schmeißfliege; ein Saucenflacon; Kahlschlag; ein Spielzeugkropf; eine Haferflockenfabrik; eine Kirchweih an einem schönen Tag, und alles ist erlaubt; die Magenpumpe eines Wiesels; ein kaputter ...

Aber was soll's? Man könnte immer so weitermachen, ohne etwas Bestimmtes zu erreichen.

Ihr schäbiger Englischsprecher nimmt ein zu See fahrendes Fahrzeug nur mit dem infantilen Unterscheidungsvermögen zwischen groß und klein wahr. Wenn es klein ist, ist es ein Boot, und wenn es groß ist, ist es ein Schiff. In seinem großartigen Buch *An toileánach* jedoch verwendet der ungebildete Tomás O Criomhthain, vielleicht, ein Dutzend Wörter, um eine Vorstellung von unterschiedlicher Seetüchtigkeit zu vermitteln –, *árthrach long, soitheach, bád, naomhóg, bád raice, galbhád, púcán* oder was Sie selbst gerade wissen.

Das Elend des Englischsprechers mit seinem kläglichen Kasten voller 400 Sprachperlen kann man sich vorstellen, wenn ich sage, daß ein wirklich guter Irischsprecher mit den ganzen 400 in einem einzigen kosmischen Grunzer herausplatzen würde. In Donegal leben eingeborene Sprecher, die so viele Millionen von Wörtern kennen, daß sie es nicht mit ihrem Stolz vereinbaren können, dasselbe Wort häufiger als einmal im Leben zu verwenden. Ihr Leben (von ihrer Sprache ganz zu schweigen) wird, wenn es auf die hundert zugeht, sehr verzwickt; aber so ist das nun mal.

♣

Früher oder später kommt man auf diese Frage – »Irisch als Pflichtfach?« – zurück, und von dort ist es kein weiter Weg bis zu der anderen Frage, ob es auch durch das Medium des Irischen gelehrt werden sollte. Dem wurde entgegengehalten, das Lehren von »Fächern« (außer Angeln) führe, wenn es nicht auf Irisch, sondern durch das Medium der irischen Sprache geschehe, zu einer Generation, die aus »zweisprachigen Analphabeten« bestehe, und dieser altehrwürdige Witz bewirkt bei uns ein bitteres Lächeln. Bei all dem nehme ich einen objektiven Standpunkt in Anspruch, da ich immerhin ein alter Westminsteraner bin und die alte, ramponierte Griechische Grammatik, die mir einst auf meiner alten Penne in die Kinderhände gelegt wurde, immer noch in hohen Ehren halte. Damit meine ich, daß es bei uns Engländern ziemlich anders war. Was man so an Elternteilen hatte – das waren Leute, die einen richtig einschulten, sobald man »geboren« war –, fand, man müsse lernen, wie man sein winkliges Erbteil, nämlich das eigene Eckchen, zu verteidigen habe. Und irgendwie wurde man dann gebildet, d. h. man »lernte« Griechisch. Diese meine Grammatik hat eine amüsante Einleitung, und die fängt so an: *ALTERVM jam faeculum ad finem vergit, cum vir pietate et doctrina praestans, Edwardus Grantus* ... und dann, antiklimaktisch ... *scholae regiae Weftmonafterienfis moderator* ... *Graecam grammaticam in ufam scholae ejufdem publicavit* ... (Schrecklich, wie die Leute in jenen Tagen lifpelten!) Aber egal. Dieser alte Bursche (er muß eins der ersten Stipendien gehabt haben, bevor das von den Gemeinden übernommen wurde) fährt nun fort und sagt *Graecae linguae fpicilegium prae modeftia appellare ipfi placuit* ... (*Prae modeftia,* was?) Ich muß zugeben, ich bin nie weitergekommen als bis zur ersten Seite dieser Grammatik –; *Graecae grammaticae* hieß es, das weiß ich noch, *quattuor funt partes: orthographia, etymologia, fyntaxis et profodia* ...

Sie sehen zweifellos, worauf ich hinauswill. Es geht mir weniger darum, daß man schon ein paar Jahre lang von Mutters Schürzenband entfernt sein muß, bevor man nach Oxford geht; der Witz ist, daß Bildung automatisch humanistisch ist, i. e. man lernt Griechisch, und die Grammatik dazu ist lateinisch, weil man, natürlich, Latein bereits kann. Unsere irischen Bildungspolitiker bewegen sich deshalb, wenn sie das Irische wiederbeleben, in einer wohlerprobten klassischen Tradition.

♣

Langweiler

Weihnachten, was? Gekommen und gegangen. Bringen wir mal kurz ein paar Banalitäten und Langweiler, die mit diesem Fest in Verbindung stehen, mit diesem Fest in Verbindung.

Auf den 1. Platz kommt ganz leicht die Person, gewöhnlich eine Frau, die sagt: »Weihnachten? Wissen Sie, mir wär' wohler, wenn ich's schon hinter mir hätte.«

Als nächstes kommt möglicherweise die Person, die folgendes sagt:

»Weihnachten? Wissen Sie, ich finde immer, es ist eine traurige Zeit.«

Drittens:

»Ja, ja. Schon wieder Weihnachten! Eigentlich erschütternd, wie die Zeit fliegt.«

Und als nächstes?

»Wissen Sie, das beste Weihnachten, das ich je erlebt habe, war in Marokko. Wir waren da tausend Leutchen auf dem Schiff – zu der Zeit war ich erst eine Woche verheiratet – und sind in Algier vor Anker gegangen. Da sehen wir doch als allererstes, wie . . .«

Dann gibt es die Eröffnung:

»Wissen Sie, welcher Tag des Jahres am schwersten zu überstehen ist?«

»Nein. Welcher?«

»Weihnachten.«

Dann gibt es die alternativen Kommentare, jeder mit dem äußersten Ernst vorgetragen:

»Wissen Sie was; ich habe noch nie so ein ruhiges Weihnachten erlebt.«

»Ich werde Ihnen mal was sagen. Diese Weihnachten waren die schlimmsten Weihnachten, die ich je erlebt habe.«

Dann gibt es noch diese Schrecklichkeit:

»Wissen Sie, was ich Weihnachten mache?« (Interessierte Blicke.)

»Nein. Was?«

»Bett.«

»Bett?« (Ungläubige Blicke, aufgesetzt, um dem Trottel zu Gefallen zu sein.)

»Nach dem Essen ab ins Bett. Und bis zum 26. um vier strecke ich kein Bein aus dem Bett. Wenn danach ein kleines Kartenspiel steigt, soll's mir recht sein. Aber *vor vier* aufstehen? (Man sieht angsterfüllte Gesichter.) Nein. Schon aus Angst nicht.«

Zum Schluß dieses Porträt untoten menschlichen Verfalls, nicht eigentümlich für Weihnachten, aber zu dieser Jahreszeit am häufigsten anzutreffen.

(Betritt am St Stephen's Day, dem 26. Dezember, eine Kneipe, offensichtlich vom Alkohol zerrüttet. Läßt sich mit großer Vorsicht auf einem Platz nieder, ergreift Tischplatte, um dem verheerenden Zittern der Hände zu begegnen. Verschüttet Wasser über den ganzen Tisch. Schluckt sein Getränk, wobei Zähne laut gegen Glas klappern. Zündet sich zittrig eine Zigarette an. Atmet aus. Beginnt, in die Runde zu blicken. Fixiert angrenzende Bekanntschaft. Beginnt mit Ansprache.)

»Verdammt, aber wissen Sie, da reden die Leute immer vom Saufen, Whiskey und die ganze Richtung. Da gibt es dann immer so eine Geschichte, der Whiskey war schlecht, der Magen war nicht in Ordnung und so weiter. Wissen Sie, was *ich* Ihnen sagen werde...?«

(Macht eindrucksvolle Pause. Die Pupillen, in ihrem wäßrigen Teich fast aufgelöst, schweifen mit ungesunder Dringlichkeit herum. Deutet Schweigen als Beweis brennenden Interesses.)

»Wissen Sie, was es ist?«

(Wechselt Zigarette aus der normalen interdigitalen Position, hält sie vertikal empor; pocht feierlich mit Zeigefinger der freien Hand dagegen.)

»Sehen Sie das? Dieses Ding hier? Zigaretten. Genau diese Burschen. Wissen Sie, was ich Ihnen sagen werde...?«

(Wird plötzlich von Hustenanfall überwältigt; wühlt umnachtet nach seinem Taschentuch, während Tränen aus purem Alkohol die rubinroten Wangen hinunterkullern. Erholt sich.)

»Diese Burschen hier. *Diese Burschen haben mich geschafft*...«

(Bricht unter neuem Anfall zusammen. Taucht wieder auf.)

»*Dagegen* ist ja überhaupt nichts zu sagen (zeigt auf Glas). Da *weiß* man, was man hat. Da ist Essen drin, und da ist Trinken drin. *Das* hat noch keinem geschadet, so ein Quatsch, außer vielleicht im Übermaß. Aber *dies*...«

(Zeigt wieder auf Zigarette, Kummer und Abscheu vermischen sich auf »Gesicht«.)

»Diese Burschen haben mich geschafft.«

♣

DER MANN MIT DER UHR

Jemand bemerkt, seine Uhr, massiv Gold, 98 Steine, Kostenpunkt 50 Pfund, er trägt sie auch beim Schwimmen, habe nach nur fünfjährigem Dienst den Geist aufgegeben. Darüber lächelt unser Mann züchtig, zieht eine Zwiebel von Taschenuhr hervor und legt sie feierlich auf den Tisch. Das schroffe Ticken bringt weitere Gespräche zum Verstummen. Die Anwesenden nehmen wahr, daß das Ding einst vernickelt gewesen ist, jetzt aber an den Rändern nur noch eine stumpfe Messingfärbung aufweist.

»Wissen Sie, was mich die gekostet hat?« fragt mich unser Mann.

Jeder weiß, daß die Antwort darauf »So etwa fünf Shilling« lauten muß, daß sie vor achtzehn Jahren gekauft wurde, daß sie seitdem noch keine einzige Minute falschgegangen ist und noch nie auch nur gereinigt werden mußte. Aber niemand ist brutal genug, damit herauszukommen. Die Menschen sind schwach und neigen dazu, Langweilern schönzutun.

»Etwa zwei Pfund«, sagt jemand unschuldig.

»Fünf Shilling«, sagt unser Mann.

Unechtes Staunen ringsum.

»Wissen Sie, wie lange ich die schon habe?« fragt unser Mann.

»So seit fünf bis sechs Jahren vielleicht?«

»Ich habe diese Uhr in Leeds gekauft, und zwar im September 1925. Das ist fast zwanzig Jahre her. Seitdem ist sie noch nie stehengeblieben, keine Minute nachgegangen *und kein einziges Mal gereinigt worden!*«

Gefälschte Überraschung auf jedem Gesicht.

»Eine großartige kleine Zeitansage«, sagt unser Mann und versorgt die Zwiebel mit beträchtlicher Genugtuung in seine Tasche.

(Diese besondere Art von Schädling besitzt auch gern unglaubliche Autos, fünfzig Jahre alte Füllfederhalter, Handschuhe, 1915 gekauft und seitdem weder verloren noch abgewetzt, dreht seine eigenen Zigaretten mit in Heimarbeit hergestellten Filterbäuschen am einen Ende, meint, sie kosten ihn grob [immer dieses »grob«] gerechnet einen Viertelpenny pro Stück, und ist überzeugt, »die Leute müssen verrückt sein«, mehr zu zahlen. Lassen Sie mich einen weiteren Langweiler vorstellen:)

♣

DER MANN MIT DER KLINGE

Jemand sagt: »Es ist heutzutage gar nicht leicht, anständige Rasierklingen zu kriegen«, schneidet eine erläuternde Grimasse und reibt sich die Kinnbacke. »Ich hab' seit Wochen keine anständige Rasur mehr gehabt«, fügt er hinzu.

Unser Mann ist zugegen und blickt verdutzt. »Damit wollen Sie doch wohl nicht sagen, daß Sie sich Rasierklingen *kaufen*?« sagt er.

Verschiedene Anwesende gestehen, sie kauften sich welche.

»Also ich kauf' mir keine«, sagt unser Mann. »*Eine* habe ich gekauft, das gebe ich zu, aber das war vor zwei Jahren...«

Wieder kann pflichtschuldige Überraschung registriert werden.

Jeder hat schon mal von Patentmaschinen für den Klingenschliff gehört, von den verschiedenen Methoden, Schärfe zu erzielen, mit Spiegeln, Streichriemen und Bechergläsern, aber niemand hat den geringsten Mumm, und kein Wort wird gesagt.

»Es ist ganz einfach«, sagt unser Mann, gründlich von sich selbst entzückt. »Besorgen Sie sich ein gutes Becherglas, und stellen Sie es bei sich hin. Beschmieren Sie die Innenseite mit Vaseline. Reiben Sie jeden Morgen vor der Rasur drei- bis viermal mit der Klinge über den Innenrand des Glases, und drücken Sie dabei kräftig mit dem Finger aufs Zentrum. Das ist alles.«

Pausiert, um dankbar die fälligen Blicke des Unglaubens entgegenzunehmen.

»Damit kriegen Sie die beste Rasur Ihres Lebens, Mann. Und eine Zwei-Penny-Klinge hält dann spielend fünf Jahre lang.«

(Zeigen Sie diesen Artikel niemandem, und wenn es Ihr Leben gälte. Fast jeder gehört in irgendeiner Form zu der einen oder der anderen dieser beiden Schulen; ihre Mühe wird Ihnen nur schwarze Blicke eintragen. Kennen Sie schon den Mann, dessen Benzinfeuerzeug immer funktioniert, und der erklärt, warum? »Es ist ganz einfach; das ganze Geheimnis ist nämlich...«)

Ich fürchte, ich habe heute noch ein paar weitere Langweiler dabei. (Tut mir leid, aber es ist die Aufgabe des Historikers, vollständig aufzuzeichnen, nicht selektiv.)

Kennen Sie – sehen Sie, dies tut mir genauso weh wie Ihnen – kennen Sie *Den Mann, Der Im Großhandel Einkauft?* (Diesmal sind Sie dran.)

Sie haben diesen gotischen Wasserspeier von einem Menschen zum »Essen« eingeladen, weil er Ihnen im Lauf des Jahres das eine oder andere Geschäft zugeschanzt hat, und vielleicht kommt ja noch mehr von da, wo das hergekommen ist. Der Clown betritt Ihr Zimmer und reibt sich die mißgestalten, fühllosen Hände, er sieht sich um, überprüft Möbel, Dekoration usw. Geht zu Ihrem Radio hinüber. Es ist ein Jahr alt; gegen 1947 dürfte es bezahlt sein. Er untersucht es eingehend, beklopft es, zieht den Stecker heraus, stellt es auf den Kopf, schüttelt es, macht ein Kabel kaputt, läßt es mit dem Lautsprecher nach unten liegen, zieht Taschentuch hervor und wischt sich die Hände ab. Rasend vor Wut, gelingt es Ihnen zu sagen:

»Was halten Sie von dem Radio?«

»Häh? Von dem Radio? Ach so, ja. Ja-äh, wenn man es ein bißchen richtet, wird es bestimmt ganz ordentlich. Ich besorg' Ihnen mal ein anständiges. Diese Dinger zu neun Pfund gehen ja in nullkommanichts kaputt...«

Inzwischen sind Sie praktisch starr vor Haß und Ekel. Dieser Betrag – 9 Pfund – ist, natürlich, eine Falle, und Sie sind im Begriff, mit voller Absicht in diese Falle zu gehen. Sie verachten sich gründlich. Sie sagen:

»Aber sehen Sie doch mal –: *neun Pfund!* Dieser Apparat hat mich siebenundachtzig Pfund gekostet...«

Der widerwärtige Scharlatan springt aus seinem Stuhl auf, kommt herüber, legt Ihnen beide Hände auf die Schulter:

»Sind Sie wahnsinnig, Mac? Haben Sie noch alle beisammen, Mann?«

»Der Apparat ist völlig in Ordnung«, stottern Sie und verabscheuen sich jetzt zutiefst, »er ... er ... funktioniert ganz prima, und siebenundachtzig Pfund ist der anerkannte Ladenpreis. Ich dachte, *Sie* wüßten so was!«

Nun werden Ihnen die Klauen von den Schultern genommen. Das Ungeheuer wendet kunstvoll das Gesicht ab und sagt, an die am weitesten entfernte Wand gerichtet: »Der unglückliche Mann muß wahnsinnig sein!« Dann macht er eine Schau daraus, wie er todtraurig davonwankt, fährt plötzlich herum und ruft, wobei er Sie mit Speichel duscht:

»*Haben Sie sie noch alle?* Haben Sie den Verstand verloren? Das hätte ich nicht von Ihnen gedacht; mehr kann ich dazu nicht sagen. *Natürlich* weiß ich, daß das der Ladenpreis ist. Aber, Mann Gottes, im Laden kauft doch *kein Mensch!* Das tut man aber doch nun wirklich seit einigen Jahren nicht mehr. Also, ich hab' zu Hause zwei Radios, und ...«

Genügt das für heute? Ertragen Sie vielleicht noch ein bißchen mehr?

Den Mann, Der Sein Eigener Rechtsanwalt Ist?

Soll ich etwa was von meinem gutaussehenden Selbstverdienten an diese krummen Advokaten blechen? Diese Burschen, die für ihre Kanzlei nur Wochenmiete zahlen und eine Zeitkarte nach Belfast haben, um sich abzusetzen, sobald sie die Kohle von irgendeinem unglückseligen Waisenkind gekrallt haben? Nein danke, mit mir nicht, trotzdem vielen Dank. Ich glaub', ich mach' lieber noch'n bißchen so weiter wie bisher. Und eins werd' ich Ihnen sagen: Ich verstehe mehr von der Juristerei als zehn von diesen Burschen zusammengenommen. Damals, neunzehnhundertvierunddreißig, da habe ich auch keine Hilfe von irgendeinem Advokaten gebraucht, als ich dafür gesorgt habe, daß der Hausbesitzer die hintere Wand abreißt und erneuert und die Dachrinne ersetzt und die Träger im vorderen Wohnzimmer entfernt und neue einbauen läßt. Mein lieber Schieber, nur keine Bange, ich kenne meine Rechte. Mit links habe ich die Testamentsbestätigung durchgezogen, nachdem die Mutter dahingegangen war, und für Christy habe ich zehn Pfund kassiert, als dieser Laster sie vom Fahrrad gewischt hatte. Ich kenne mein Gesetz, und ich kenne meine Rechte.

Die vorangegangenen Proben stellen, natürlich, nur *Geisteshaltungen* dar. Es gibt jedoch Muster von Höhlenmenschen, die ihre Effekte durch eine einzige und unwandelbare Bemerkung erzielen, welche sie im Verlauf ihres Lebens bei Tausenden von Konversationen fallenlassen, was sie in die Lage versetzt, die Menschheit in dem Bewußtsein zu verlassen, sie, die Höhlenmenschen, hätten etwas Wichtiges für die Menschheit getan. Haben Sie diese Bemerkung schon mal gehört? –:

Natürlich War Dan O'Connell Natürlich Freimaurer. Wußten Sie Das Etwa Nicht?

Für den Versuch, zu einer angemessenen Zusammenschau alltäglicher Langweiler zu gelangen, ist es wichtig, einen nicht zu übersehen (lediglich weil er vorher so oft und so beiläufig erwähnt wurde), nämlich den Ober-Langweiler: Ich meine Den Mann, Der Zu Einer Zeit Schon Irisch Sprach, Als Dies Weder Profitabel Noch Populär War. (Vergessen Sie den Burschen nicht.)

Und hier ist noch einer: Der Mann, Der Nie Einem Bettler Einen Penny Gibt.

Dieser grausige Alleswisser geht mit Ihnen auf der Gasse spazieren, ein Bettler nähert sich; aus Versehen lassen Sie ein paar Kupfermünzen, mit denen Sie in der Hosentasche gespielt hatten, in seinen Hut gleiten. Im Weitergehen bemerken Sie, daß sich der »Freund« in einem beängstigenden

Zustand der Aufwühlung befindet; das Gesicht wird röter, die Schultern heben und senken sich, die kleinen Augen tanzen in ihren verquollenen schweinshäutigen Tränensäcken.

»Was ist los, Mann«, schreien Sie, aufs höchste alarmiert. »Fehlt Ihnen was?«

Ein brutzelndes »Lachen« ist zu hören; jetzt ist er sehr ungehalten.

»Verdammt, ich hätte Sie wirklich für klüger gehalten«, sagt er, »ein Mann Ihres Alters...«

»Wovon sprechen Sie überhaupt?« fragen Sie.

»Daß Sie dem Kerl da hinten was spendiert haben. Sie müssen völlig bekloppt sein. Man merkt, daß Sie gestern abend ein paar Bierchen zuviel...«

»Ich schäme mich solch trivialer mildtätiger Akte nicht; das will ich Ihnen mal sagen. Die Nächstenliebe...«

»Nächstenliebe? *Nächs-ten-lie-be?* O-hoo, da kann ich ja nur lachen. Ich wünschte nur, hören Sie mal zu. Ich wünschte nur, Sie würden *im Jahr* verdienen, was der *in einer Woche* an Einkommenssteuer zahlt! Ihr Freund dahinten hat in Carrickmines ein Häuschen, da würden Sie blind werden, wenn Sie das sähen. Haben Sie seine Frau schon mal gesehen?«

»Ich kann nicht sagen, daß das der Fall wäre...«

»Das können Sie nicht, was? Natürlich können Sie das nicht, weil Sie nämlich nicht auf Botschaftsempfänge eingeladen werden.«

♣

»ABER...«

Nein, Leser; alle Aber dieser Welt werden Ihnen nichts nützen. Sie dürfen gar nicht erst versuchen, mit diesem Menschen zu streiten. Wählen Sie einfach die 0, und verlangen Sie die Polizei.

Übrigens, wenn seine Rede nicht ist wie oben, dann wird sie unweigerlich sein wie folgt:

Etwas packt Sie am Arm. Augen, die beinahe angsterfüllt sind, starren Sie an:

»Sagen Sie mal«, plappert das Monster, »Sie wollen mir doch wohl nicht erzählen, daß Sie dieser Person da eben . . . *Geld* gegeben haben?«

»Ich habe einen Gesamtbetrag in Höhe von zwei Pence Sterling gespendet«, erwidern Sie albernd. Ihnen ist noch nicht klar, daß Sie sich in Gegenwart einer schrecklichen Seuche befinden. Ihre banale Bemerkung hat einen fürchterlichen Effekt. Die Schultern werden hochgezogen, die Arme senkrecht in die Manteltaschen gestoßen, die Augen glotzen starr geradeaus; auf dem »Gesicht« erscheint ein schwarzes Stirnrunzeln, in dem der Ekel vor Ihnen und ein widerwärtiges Erbarmen mit Ihren Schwächen um die Vorherrschaft ringen.

»Ich sage ja nur«, stottern Sie, »was ist denn so verkehrt daran, wenn man diesem armen, alten Mann ein bißchen Kohle gibt? Haben Sie seine Schuhe gesehen . . .?«

(Sie sprechen tapfer, kein Zweifel, aber Sie wissen, daß Sie verloren sind.)

»Was daran *verkehrt* ist? Mein Gott, Mann, haben Sie denn keinen Funken Verstand?«

Jetzt hat Sie der Wicht beim Arm gepackt und drückt auf einen kleinen Muskel in der Nähe des Ellenbogens, daß es schmerzt, so fanatisch ist der Griff.

»Wissen Sie, was der Bursche mit dem Geld machen wird, das Sie ihm gegeben haben?«

»Nein.«

»Er geht geradewegs in eine Kneipe und vertrinkt es.«

»Aber ich bitte Sie . . . Zwei Pence . . . Ich meine . . .«

»Zwei Pence, was? Dieser Mann schnorrt sich pro Tag einen Fünfer zusammen und vertrinkt jeden einzelnen Penny davon. Ich weiß nämlich zufällig, wovon ich rede. Und Leute wie Sie tragen die Schuld an allem, was dieser Unglückliche treibt und sagt. Bieten Sie ihm einen Tag Arbeit in Ihrem Garten an, und sehen Sie, was passiert. Oh, ich weiß, was diese Leute im Schilde führen; das können Sie mir glauben.«

»Aber...«

Nein, Leser, es hat keinen Sinn.

♣

Ich hoffe, ich bin kein ... kein ... Langweiler, aber da gibt es noch einen weiteren Typus, über den ich gern privat mit Ihnen sprechen würde. Sie kennen ihn wahrscheinlich. Er hat das College der Christlichen Brüder unten in der Richmond Street im selben Jahr verlassen, in dem Ihr armer Großvater zum ersten Mal eingeschult wurde. Großvater sieht man unglücklicherweise überhaupt nicht mehr, und das findet seinen überaus technischen Grund in seiner Bestattung (1908 R.I.P.), aber dieser andere Mensch befindet sich noch in der Stadt, den knopflosen Kamelhaarüberzieher etwas locker um die Schultern geworfen, den druckknopfbekrempten Hut in ein Nest aus Locken geschmiegt, das früher von einem bestimmten ausländischen Pferd getragen wurde, dessen gegenwärtiger Aufenthaltsort unbekannt ist. Wie Sie mit Bestimmtheit wissen, ist dieser Mann einhundertvier Jahre alt (wenn nicht älter). Weil Sie die fatale Nachlässigkeit besaßen, Ihre Augen irgendwoanders zu haben – ich gebe zu, sie verirren sich leicht; aber dafür gibt's ja schließlich Chirurgen –, treffen Sie diesen Menschen. Dann fängt es an. Sie werden in einen öffentlichen Ausspann, Entschuldigung: Ausschank gezerrt und Getränke in Sie hineingeschüttet, während Sie dem Lebensbericht dieses Menschen lauschen. Mit dem Pferd raus auf den Merrion-Strand vor dem Frühstück, danach ein paar rasche Partien Squash (immer noch vor dem Frühstück). Dann hinaus zu den Blödis (müssen sie auch sein) und ein bißchen Toast mit Limonensaft eingepfiffen. Danach hinein in die Sprinterbüx und immer noch mal um den Rasen herum, bis zum *petit d'jeuner;* dann, natürlich, die Fechtstunde bis zum Lunch; nach dem Lunch in der Lansdowne Road runter mit den Klamotten, mal sehen, was läuft, steigt auch immer in irgendein Spiel ein, spielt außen, ist aber eher ein ganz nützlicher Verteidiger. Duschen und zum Dinner nach Hause, aber nicht ohne ein paar Sätze auf den Hartplätzen. Nach dem Dinner raus mit den Handschuhen und rauf zur SCR-Halle, auf ein paar Runden mit den Jungs. An flauen Abenden, haben Sie den Verdacht, geht er in den Shelbourne Park und rennt – hach! – vor dem elektrischen Hasen her, um ihm den Weg zu zeigen. Sie nehmen dies alles ohne ein Wort auf, und dann hören Sie sich zu Ihrem Schrecken sagen:

»Oha, da müssen Sie's doch aber auch mal ein bißchen langsamer angehen lassen... Immer können Sie das doch nicht machen. Man muß einiges davon aufgeben, wenn man erst mal fünfunddreißig ist. Denn...«

Er ist entzückt. Gott vergebe Ihnen –: Dort steht er, das einbalsamierte Profil ins Licht gereckt, hat er die Hand gehoben, um Ihnen Einhalt zu gebieten, und sagt dann:

»Auf wie alt würden Sie mich schätzen?«

Sie sehen ihn unverwandt an, lächeln nicht; Sie wissen, daß Sie schlimmer sind als er und daß Sie sich das Ganze selbst zuzuschreiben haben.

»Tja«, sagen Sie, »tja, Jack, ich gehe mal nicht nach dem *Aussehen;* du *siehst* auf jeden Fall schon mal nicht so alt *aus*, wie du bist; hab' noch nie einen Mann gesehen, der sich so toll gehalten hat. Aber nach allem, was ich so in der Stadt von dir gehört habe, man hört sich ja auch um und so, würde ich sagen, daß du ein Mann von zweiunddreißig bist; ich vermute sogar, daß du stark auf die Dreiunddreißig zugehst. Ich würde sagen, du wirst ziemlich bald dreiunddreißig, Jack . . .«

Der widerliche Clown ist inzwischen außer sich vor Entzücken. Beobachten Sie ihn –: das sphinxartige Lächeln, das langsame Schütteln des »Kopfes«, die Pause, das Halten des Glases gegen das Licht, das langsame Leeren desselben –, wie es die reinen Linien von Kinn und Wangenknochen enthüllt. Langsam wird Ihnen das Gesicht zugewendet, und nun nehmen Sie aus nächster Nähe das an den Tod gemahnende Maschenwerk der Maske wahr, offenbar mit Backpulver verklumpt, die brechenden Kluften darin, die ein Halblächeln der Mißbilligung ahnen lassen:

»*Mac, ich bin 1908 geboren.*«

Plötzlich wird Ihr eigenes Gesicht vom Entsetzen gebleicht; Sie zittern; Sie murmeln eine unverständliche Entschuldigung und stolpern, bitterlich fluchend, ins Kalte hinaus. Sie *wissen,* daß es 1808 war.

Gibt es, so mögen Sie fragen, irgendein Heilmittel, irgendeinen Ausweg für Schwächlinge wie Sie, gibt es irgendeine Hoffnung für den Mann, der zu feige ist, solche »Menschen« zu beleidigen? Nun, *gehen Sie gar nicht erst vor die Tür;* etwas anderes fällt mir auch nicht ein. Bleiben Sie zu Hause im Bett, Fenster zu, Rollos runter, Heizsonne volle Pulle. Nur die wirklich zähen Langweiler werden Ihnen bis dorthin folgen –, und schließlich sind sie ja Ihre Verwandten, stimmt's? Und denen kann man nicht entfliehen, oder?

Ein Leser aus Dublin hat freundlicherweise geschrieben, um mich über einen Langweiler (die Sorte mit dem Benzinfeuerzeug) ins Bild zu setzen, welcher eine dortige Gaststätte befallen hat. Offenbar wird das Feuerzeug als Hilfsmittel verwendet, mit dem er sich Zutritt zur Gesellschaft von Trinkern verschafft, die dem Langweiler nicht persönlich bekannt sind; das bedeutet natürlich kostenlose Getränke. Es tut mir schrecklich leid, aber dieser Typ Mensch ist nach meinen Maßstäben kein Langweiler. Die Sorte Langweiler, die zu definieren ich in jüngst gemachten Aufzeichnungen versucht habe, ist ein geborener und reiner Langweiler; andere Menschen zu langweilen ist seine einzige Beschäftigung, Freude, Entspannung. Keinem Gedanken an Gewinn würde er es gestatten, seine »Kunst« zu besudeln; tatsächlich sind viele darauf gefaßt, Geld zu verlieren – Getränke zu *spendieren* –, wenn sie eine gute Gelegenheit sehen, ihre fluchvolle Berufung mit Leben zu erfüllen. Lassen Sie mich ein paar weitere Beispiele geben. Kennen Sie Den Mann, Der Es Im Manuskript Gelesen Hat? Ich will es erläutern.

Sie sind ein literarisch interessierter Mann, Sie gehen nie aus; alles, was Sie wollen, ist, bei Ihren geliebten Büchern in Frieden gelassen zu werden. Aber Der Mann kommt zu Besuch. Eine zwanglose Konversation beginnt. Der Mann starrt und stochert in Ihren Privaträumen herum. Sie sind von einem Buch angetan, das Sie vor kurzem gelesen haben, würden gern die Meinung anderer Menschen dazu einholen, also, unschuldig genug, fragen Sie:

»Übrigens, haben Sie *Victorian Doctor* gelesen?«

»Nie von gehört«, sagt diese Pest.

»Ausgesprochen interessantes Buch«, sagen Sie. »Alles über den Vater von Oscar Wilde; vermittelt ein sehr gutes Bild vom Leben in Dublin, wie es damals war . . .«

»Ach, *das*?« sagt der Langweiler und hat Ihnen überaus lässig den Rücken zugekehrt, während er sich an ein paar persönlichen Dokumenten auf Ihrem Schreibtisch zu schaffen macht. »Ah ja, das hab' ich gelesen. Eigentlich wollte er das Buch anders nennen; war mir entgangen, daß es unter dem Titel herausgekommen ist. Ich hab's übrigens im Manuskript gelesen.«

So gewährt man Ihnen einen kleinen Blick auf den anonymen Berater, Kritiker, Beichtvater und Weihnachtsmann von Literaturschaffenden.

»Haben Sie je *Warren Peace* von T. Allstoy* gelesen?« erkundigen Sie sich.

»Ah ja, ich hab' das Ding vor Jahren im Manuskript gelesen. Ist es schon herausgekommen?«

Sehen Sie? Grrrhhhhhh!

In der Tat, es ist nur zu einfach, noch an weitere Vertreter dieser verhängnisvollen Spielart, diese monströsen Kretins, zu denken. Sie haben natürlich schon mal – irgendwann seit 1939 – Den Mann, Der Schon Immer Mit Torf Geheizt Hat, getroffen? Wenn nicht, dann akzeptieren Sie bitte meinen feierlichen Eid, daß es ihn gibt. Hier ist seine Sorte von Geplauder:

»Kohle, was? Dieser ... Schmutz! Wovon reden Sie denn überhaupt, Mann, was ist denn an Torf so verkehrt? Ist das etwa nicht der natürliche Brennstoff für dieses Land, häh? Ich habe im Jahre neunzehnhundertundfünf geheiratet, und von jenem schönen Tage bis heute habe ich keinen einzigen Klumpen Kohle in mein Haus gelassen. Und wissen Sie auch, warum? Weil ein Torffeuer, *wenn es in einem ordentlichen Ofen ordentlich aufgebaut ist,* das beste Feuer der Welt ist. Lassen Sie sich da bloß von niemandem was anderes erzählen. Ich weiß, wovon ich spreche. Ich habe mir früher Torf – guten schwarzen Torf – von den Kanalbooten zu fünfzehn Shilling die Tonne besorgt –, *frei Haus,* wohlgemerkt. Ach, ja ... (ein alkoholisches Stirnrunzeln, schwarz, aber traurig, wird zur Erinnerung an die gute, alte Zeit gehißt; dann fährt die Abflußrohr-Stimme fort). Und das zu

---

* *Kriech' in Frieden* von T. Holztheu

einer Zeit, als viele dreißig bis vierzig Shilling geblecht haben wie nichts... sogar... fünfundvierzig Shilling wurden da hingeblättert, und wofür? Für den allerletzten miesen zusammengeharkten Grubenmulm aus britischen Zechen, überall Schmutz und Ruß, morgens eine halbe Stunde lang pusten und schnaufen und stochern, damit das Zeug in Gang kommt; ist es ein Wunder, daß das Land vor lauter Tb schon halb verrottet ist? Ach, sagen Sie doch, was Sie wollen; es geht nichts über das altmodische Torffeuer. Das ganze Geheimnis dabei ist natürlich, wie man die Torfsoden einschichtet. Das kurze Ende nach oben... So... Sehen Sie mal...«

Leere Streichholzschachteln werden zur Illustration verwendet. Einen großen Vorteil hat dieser Mann –: Sie können immer sicher sein, daß in seiner Zementgarage (sogar heute, 1945, noch) mindestens drei Tonnen Orrel-Vorkriegs-Eierbriketts lagern, zu fünfzig Shilling die Tonne.

♣

Es ist, glaube ich, schon ein ganzes Weilchen her, seit ich zum Thema Langweiler geschrieben habe. Ich komme nur auf dieses Problem zurück, weil ich inzwischen auf ein ziemlich übles Exemplar gestoßen bin. Er ist ein Ungeheuer, das man meiden sollte wie den Schlagfluß, eine kolossale Zumutung, die Sie sehr ärgerlich machen wird, und Ihr Herz wird klopfen wie ein Vorschlafhammer *(stet)*. Ich beziehe mich auf Den Mann, Der Alle Anfallenden Handwerkerarbeiten Selbst Verrichtet Und Darüber Spricht.

Dieser Wilde lebt in einer kleinen roten Vier-mal-zwei-Ziegelkiste, im wesentlichen einer Ein-Zimmer-Zelle. Innen haben Sie ihn, die Missis und die acht Mädels. Nächste Woche bekommt Anny, die Älteste, einen Job als Tippse zu Acht-Sechs die Woche in einer Anwaltskanzlei. Dieser Mann hat seine Wohnung richtig schön hingekriegt. Und ohne Rücksicht auf. Nehmen wir mal an, Sie wohnen zufällig in einer Telefonzelle – wie die vierzehn blonden Frauen in der Zelle unter der Statue von Moore, jedesmal, wenn ich da telefonieren will. Naja, ich nehme an, Sie würden das als gegeben akzeptieren und versuchen, das Beste daraus zu machen. Nicht so jedoch Der Mann, Der Alle Anfallenden Handwerkerarbeiten Selbst Verrichtet; er macht es sich schwer –: *er zieht Trennwände ein.* Er unterteilt das Wachpostenhäuschen und errichtet Regale, Fensterbänke, Schränke, Heißmangeln, eingebaute Garderoben. Und alles, was mit Kreislauf zu tun hat – ich meine, daß man so ein bißchen herumgeht –, nimmt in diesem Haus Form und Rhythmus eines kubanischen Rumbas an; Ihre Füße bleiben, wo sie sind, obwohl Ihre Hüften und Knie sich ein wenig bewegen.

Die Trennwände, die dieser Mann macht, sind außergewöhnliche Kundgebungen in der Sphäre des Heimwerkens. Mit den Händen ist er so handlich und praktisch veranlagt (und kann in Klammern im Hause alles selbst erledigen), daß er sogar Bd. IV der Enzyklopädie des Bauens von irgend jemandem besitzt. Er macht dieses... Dingens, diese »Wand«, indem er ein paar Stöcke auf dem durchhängenden, nichttragenden Fußboden verlegt. Als nächstes führt er ein langes horizontales Teil in den Raum ein und erhebt es in die Position von Mohammeds Sarg, wobei er beide Wände verstrebt und der Giebel bedrohlich herausgewölbt wird. Dies, Leser, ist das »Grundgerüst«. In die Zwischenräume kommt Papier. *Ja,* die Fetzen Zeitungspapier sind nämlich vorher gut angefeuchtet und zu weichen Bällchen gerollt worden. Und das wär's dann –; jetzt wartet man nur noch, bis das Ding hart wird!

Kommen Sie mal abends in das Bahnwärterhäuschen dieses Naturwunders; es wird das erste Mal sein, daß Sie sich mit dem Dosenöffner Zutritt zum Haus eines Bekannten verschaffen müssen. Er wird sich die Hände reiben, grinsen, sein »Hand«-»Werk« schräg betrachten, und zweifellos werden Sie, feiger Flegel, der Sie sind, hören, wie Sie folgendes sagen:

»Oha, da hast du ja eine schöne Stange Geld angelegt, um den Sitz deiner Ahnen auf Vordermann zu bringen, Mac. Welche Baufirma hast du denn genommen?«

Sie sind ein Freund, Sie haben das Richtige gesagt. Jetzt kann er seine Schau abziehen. Staunen, sich gegen die Brust schlagen, rückwärts gehen wie ein Krebs, den Mund offenhängen lassen und auf sich selbst deuten:

»Wer? *Ich?* Ich soll einen Bauunternehmer beschäftigen? Ich – ja? – *ich* soll mein gutes Geld an diese Leute verteilen, wenn Gott mir zwei Hände gegeben hat und ich mir Meißel, Hammer und Metallsäge bei Pauls in der Aungier Street besorgt habe? Soll ich das Geld, das ich mir für meine alten Tage zurückgelegt habe, an Penner und Windbeutel verschenken, die einen Schraubenzieher nicht von einer Ahle unterscheiden können; soll ich monatelang Kerle im Haus haben, die sich Tee kochen und Zigaretten rauchen –, *während ich zur Arbeit bin –*: ICH . . .?«

»Aber bestimmt . . . bestimmt hast du das alles doch nicht *selbst* gemacht?« (Sie haben Angst, sich gegen die Trennwand zu lehnen, um nicht plötzlich im »Badezimmer« zu liegen –, aber Sie sagen trotzdem immer noch das Richtige, Sie heuchlerischer Hund!)

»Und warum nicht? Da ist doch nun wirklich nichts dabei, Mann. Aber auch nicht das Allermindeste. Das könnte wirklich jeder, sogar du könntest das. Aber komm mit nach oben, ich zeig' dir die kleine Kommode, die ich ins Kinderzimmer gestellt habe . . .«

Komm nach »oben«, wohlgemerkt, und ins »Kinderzimmer« . . .! Und die ganze Zeit müssen Sie so tun, als sähen Sie nicht die Frau und die acht Kinder, die unter dem »Bücherschrank« schlafen.

Dieser Mann baut auch all seine Särge selbst. Die gekauften taugen nichts, betont er.

♣

In New Yorks Manhattan lebt, wo es am nobelsten ist, der blonde, lächelnde, stämmige James Keats, Nachkomme des berühmten Poeten John. Selbst kein großer Verehrer der Poesie, ist James Keats Generaldirektor des millionenschweren »Manhattan Cheeses«-Konzerns und rangiert im Gallup-Quiz der Zehn Fähigsten Amerikanischen Top-Manager als die Nummer drei. James lebt zurückgezogen mit schlanker, brünetter, attraktiver Frau Anna, weiß alles, was es über Käse zu wissen gibt, und ist wie sein hochrangiger Vorfahr zu Scherzen aufgelegt. Gern erzählt Frau Anna, wie er sie einst zum Boxmatch Louis gegen Baer mitnahm.

»Er saß einfach da und brüllte: ›Camembert, Camembert!‹« (»Come on, Baer, come on, Baer!«)

Wenn der Witz Sie nicht interessiert, ziehen Sie Amüsement aus dieser spaßigen Art, Englisch zu schreiben? Sie ist sehr smart und up to date. Sie wurde von Amerikas glattem Hochglanzmagazin *Time* erfunden und von Lohnschreibern in jedem Land kopiert. Für ein Geringes schreibe ich auch so, jeden Tag, auf Irisch wie auf Englisch. Denn diese Art zu schreiben ist straff, sinnig, hart, sehnig, kompakt, informativ, sachlich, muskulös, abgespeckt, smart, modern, spröde, verchromt, helle, flexibel, omnispektrisch.

♣

PLAUDEREI

Geht Ihnen Proust eigentlich übermäßig nahe? Ich meine, rein gefühlsmäßig?

Nnnnein, eigentlich nicht. Seine Prosa hat diese... funkelnde Textur... ein bißchen wie das Gefühl, das einem die besten *émaux Limousins* vermitteln. Aber sonst, nnnein ... Seine Personen ... Dünn, wissen Sie ... langweilig, dumm.

Ja, aber Swann ...?

Na ja ... Wenn all seine Gänse Swanns wären ...

Myles selbst, der brillante junge Journalist, wird 14 Tage lang nicht in der Stadt sein. Briefe werden nicht nachgeschickt. Als unermüdlicher Premierenfuchs interessiert er sich leidenschaftlich für das Theater und hat mehrere Stücke geschrieben. Das Leben betrachtet er als eine Dialektik, die sich aus ästhetischen und außermenschlichen Impulsen entwickelt, deren viele, wenn sie manifest werden, zweifelsfrei marxistisch sind. Der größte Augenblick seines Lebens (er trug sich im Jahr 1924 zu) war, als er die Entdeckung machte, daß das Leben in Wahrheit eine Kunstform ist. Jeder Mensch, so glaubt er, ist mit einem lebenslänglichen Opus von grandiosem Expressionismus beschäftigt, wobei sein Ego Modulationen und Mutationen erlebt, die unbewußten ästhetischen Mustern folgen. Die Welt ist, recht eigentlich, eine unermeßliche Kunstgalerie, in der sogar die Museumswärter Aussteller und Exponate zugleich sind. Das Pferd jedoch ist das allerhöchste künstlerische Symbol ...

Der Herausgeber: Sehr viel mehr davon kriegen wir nicht mehr unter; wir brauchen auch noch Platz für meinen Kram.

Ich: Geht in Ordnung; tun Sie sich bloß keinen Zwang an. Ich kann den Hahn jederzeit abstellen.

♣

Sir Myles na gCopaleen (der *Da*) stand im makellosen Abendanzug in seinem Wintergarten, eine Gestalt, fast königlich vor einem wilden Blumenmeer aus *Banksia alba,* grünen Tomaten und Drouhin-Zephyrlilien. Die angeheizte Luft war schwer vom Gestank der Paraffin-Emulsion, ein Zeichen, daß Jenkins, der Obergärtner, Vorsorge gegen jene Störung namens Kuckucksspeichel traf. Die Abenddämmerung brach, wie es ihre Gewohnheit war, schlicht intransitiv »herein«. Auf irgendeinem weit entfernten Baum konnte man das Husten einer Eule wahrnehmen.

Ein Klirren erklingt. Der große alte Mann hat ein Glas voll Scotch mit Soda gegen die goldgesäumten Patrizierzähne gelegt und schluckt die Nahrung mit der Gelassenheit eines Mannes, dem diese wohlvertraut ist. Er ist in Gedanken verloren. Er möchte in die Bibliothek gehen. Er hat dort etwas zu tun. Aber er erinnert sich, daß seine Bibliothek die einzige (im wahren altmodischen Sinn) ist, die es im ganzen Land noch gibt. Und er weiß über das eine oder andere Bescheid. Er befürchtet das Schlimmste.

Er seufzt, stellt das Glas ab und verläßt den Wintergarten. Er durchschreitet die alte Fürstenhalle, mit toten Copaleens gesäumt, ein jeder in seiner theatralischen und anachronistischen eisernen Rüstung. Sir Myles blickt den letzten der dort Aufgestellten mit Zuneigung an –: den Sehr Ehrenwerten Shaughraun na gCopaleen, weiland höchstdekorierter Zecher des südlichen Abschnitts der Black and Tans. Sir Myles geht weiter, lächelt mit schnurriger Anmut in sich hinein. Er erreicht die Bibliothek und tritt ein.

»Hatt' ich's mir doch gedacht«, seufzt er dann.

In einer fast häßlich zu nennenden Stellung ausgestreckt, liegt auf dem Fußboden eine Leiche. Sir Myles hat bereits den Telefonhörer abgehoben und eine Nummer verlangt.

»Sind Sie das, Sergeant? Hören Sie, diese gräßlichen Kriminalgeschichten. Heute abend schon wieder eine Leiche in der Bibliothek. Man kann es aber wirklich auch übertreiben. Die vierte diese Woche. Zweifellos wegen Bibliothekenverknappung. Was? Ein junger Mann, ausnehmend hübsch. Eigenartige Narbe auf linker Wange. Angezogen? Seien Sie kein verdammter Narr. Sie sollten wissen, daß er in einen makellosen Abendanzug gekleidet ist. Die Leiche nicht anfassen und alles so lassen, wie es ist, bis Sie eintreffen? Wofür halten Sie mich eigentlich? Einen ignoranten Dummkopf?«

Gereizt legt Sir Myles das Gerät auf und gießt sich einen steifen Drink ein. Er setzt sich, schlürft an seinem Getränk und lauscht offensichtlich auf etwas. Bald sind in einiger Entfernung drei Schüsse zu hören, denen ein Schrei folgt.

»Hatt' ich's mir doch gedacht«, murrt Sir Myles. »Das wird die geheimnisvolle kleine belgische Gouvernante sein, die vor kurzem in der Nachbarschaft gesehen wurde.«

Er erhebt sich lustlos und nimmt eine abgegriffene Laterne vom Schrank. Er zündet sie an und verläßt mit ihr die Bibliothek. Er nähert sich der massiven fürstlichen Treppe und ersteigt sie. Er nimmt einen Treppenabsatz nach dem anderen, und das flackernde Licht beleuchtet lang dahingegangene Copaleens, ein Porträt nach dem anderen. Bald hat er die spinnwebverhangene Wendeltreppe erreicht, die in den Turm hinaufführt. Mit einer Behendigkeit, die seine fortgeschrittenen Jahre Lügen straft, ergreift er das kalte Eisengeländer und setzt seinen Weg nach oben fort. Bald ist er draußen auf der Plattform des alten normannischen Turms, und der eisige Wind spielt auf seinen – für die Alte Welt typischen – Zügen. Einem kleinen Wandschrank hat er ein Fernrohr entnommen, und sein Adlerauge sucht das Meer ab. In der Düsternis kann er den Umriß eines kleinen Schiffes ausmachen, das in der Bucht dümpelt. Es tauscht geheimnisvolle Lichtsignale mit einem Unbekannten aus, der sich an der Küste befindet.

»Hatt' ich's mir doch gedacht«, seufzt Sir Myles. »Internationale Interessengruppen stehlen Pläne; offensichtlich lassen die Agenten einer ausländischen Macht keinen Stein auf dem andern. Nun, nun, nun...«

Unlustig steigt der große alte Mann wieder in die Bibliothek hinab. Er hat den Telefonhörer abgehoben und eine Nummer verlangt.

»Hören Sie, Sergeant, mir ist klar, daß ich Ihnen etwas sage, was Sie ohnehin wissen, aber während meiner kurzen Abwesenheit von der Bibliothek ist die Leiche verschwunden.«

»Ich hatte so etwas erwartet, Sir Myles.«

»Außerdem gab es die üblichen Schüsse, sowie einen Schrei und all das.«

»Ganz recht, Sir Myles. Nur gut, daß Ihnen die Leiche abhandengekommen ist, denn ich habe mich anders entschieden. Ich beabsichtige nicht, Sie aufzusuchen. Diesmal werden wir das Rätsel von einem privaten Ermittler lösen lassen, welcher zufällig den Schauplatz betreten wird. Bei der Gelegenheit werden wir der Polizei die Mühe ersparen, Fehler zu machen, falschen Hinweisen nachzugehen, Unschuldige festzunehmen und allgemein die Lage unübersichtlich zu gestalten.«

»Mir ist klar, wie Sie empfinden, Sergeant. Gute Nacht.«

Dann warf der große alte Mann sein Glas weg und begann, aus der Flasche zu trinken.

♣

Einen weiteren gräßlichen Menschen gibt es, den zu beschreiben ich für meine Pflicht erachte. Ich meine Den, der von sterblicher Neugierde erfüllt ist und immer wissen möchte: »Wie macht er das?« Dieser monströse Clown sieht Sie nie an, wenn er spricht, und er erwähnt keine Namen; er ist sehr wohlhabend; er sagt:

»Am Sonnabend bin ich mit dem Rad nach Leopardstown gefahren. Hab' natürlich 'n schönen Batzen verloren...«

Sie schrumpfen angesichts dieser Bescheidenheit – fährt mit dem Fahrrad zum Pferderennen, um dort den Gegenwert von fünfzig Taxis zu verlieren – leicht zusammen. Sie wissen, daß dieser Mann wahnsinnig ist, und feige erwarten Sie das, was, wie Sie wissen, nun kommen wird. Er fährt fort:

»Was glauben Sie, wen ich da gesehen habe?«

»Wen?«

»Unseren Freund.«

»Unseren Freund? Wen?«

»Einen ganz bestimmten Herrn, den Sie und ich kennen.«

Was Sie an dieser Stelle vor Wut ersticken läßt, ist das Bewußtsein, daß Sie sehr wohl wissen, von wem er spricht, und daß Sie auf diese Weise selbst in seine Paranoia verwickelt sind. Die Stimme fährt fort:

»Und natürlich *innen,* und schwatzt mit den Jockeys und mit den Besitzern und versucht, für die gesamte Veranstaltung die Karten zu zinken. Und seine Frau, diese stämmige Färse, immer im Pelzmantel dabei. Wissen Sie, was ich Ihnen gleich sagen werde?«

»Was?«

»Dieser Mann hat fünfzig Scheine auf ein Gerät gesetzt, welches von einem Jockey geritten wurde, der nicht Dritter würde, wenn er auf einer V-2 säße. Aber ist unserem Freund dadurch ein Stein aus der Krone gefallen...?«

Es folgt Gekicher wie aus dem Beinhaus, um anzudeuten, daß diesem Spekulanten kein Stein aus der Krone gefallen ist. Ihr Peiniger fährt fort:

»Um halb sechs bin ich wieder in der Stadt. Ich habe Lust auf ein Ei und ein bißchen Toast und begebe mich an den Tresen eines ganz bestimmten Lokals, welches Sie und ich kennen. Was glauben Sie, wen ich da mit zwei Damen gesehen habe?«

»Unseren Freund?« (Oh, Elender! Sie haben dem Unmenschen geantwortet, und auch noch korrekt!)

»Sitzt da in voller Lebensgröße. Erst mal ein Tellerchen Suppe, natürlich, aber nicht ohne ein Tröpfchen Madeira drin. Wissen Sie, was er sich als nächstes aussucht?«

Das Ungeheuer hat ein Taschenmesser hervorgezogen und vollführt die Bewegungen des Handgelenks, die mit dem Öffnen von Austernschalen verbunden sind.

»Ein Dutzend pro Nase. Wissen Sie, was als nächstes kam?«

Sie würden liebend gern etwas grauenhaft Übertriebenes sagen, »gebratene Pfauenbrust« zum Beispiel, aber Ihnen fehlt der Mut, diesem Folterer zu trotzen. Sie sagen:

»Nein. Was?«

»Ein ganzer Truthahn. Für drei Personen. Zwei Stunden haben sie an dem Vogel gearbeitet und sich dabei gegenseitig die Ohren vollgelabert und sich alle Sorten Likör hinter die Binde gekippt, und zwar nicht zu knapp. *Und* vor der Tür steht ein Taxi und tickt...!«

An dieser Stelle entsteht eine Pause. Der Unmensch bereitet sich auf das Finale vor, fast können Sie hören, wie er seine anstaltsreifen Nerven spielen läßt. Nun, da die Stimme wiederkommt, ist sie verändert und ernst:

»Jetzt weiß ich aber mit Bestimmtheit, daß dieser Mann in einer ganz bestimmten Abteilung eines ganz bestimmten Ladens arbeitet und dort die großzügige Unterstützung von drei Pfund und fünfzehn Shilling die Woche bezieht. *Drei Pfund und fünfzehn Shilling die Woche!«*

Sie wissen, daß die traurigen, wäßrigen Augen in sprachloser Verwirrung leer nach oben starren. Sie wissen, daß er gleich seine allerhöchste Frageformel artikulieren wird. Sie fürchten die Wucht der Beendigung dieses unvermeidlichen vorherbestimmten »Gesprächs«. Aber Sie sind machtlos. Die Stimme sagt:

»Nur eins wüßte ich zu gern...«

Ja, jetzt kommt eine Pause. Sie wußten, daß sie kommt. Dann:

»Wie macht er das?«

Sie sind ein wenig benommen. Sie bemerken, wie seine Finger auf die unsichtbaren Tasten einer unsichtbaren Registrierkasse drücken. Sie haben einen Klaps auf den Rücken erhalten – für diesen Menschenfresser die einzige Form des Lebewohls –, und weg ist er.

Und Sie können von Glück sagen, mit dem Leben davongekommen zu sein; aber wirklich.

♣

Oder wie wär's mit ein paar kurzen Anmerkungen zu verrufen-berüchtigten praktizierenden Langweilern? Zum Beispiel –:

Der Mann, der packen kann. Dies Ungeheuer beobachtet Sie, wie Sie versuchen, den Inhalt zweier Kleiderschränke in einen kleinen Aktenkoffer zu stopfen. Es gelingt Ihnen, natürlich, aber Sie stellen fest, daß Sie vergessen haben, Ihre Golfschläger einzupacken. Sie fluchen verbittert, aber Ihr »Freund« ist entzückt. Er wußte, daß dies geschehen würde. Er nähert sich, bietet Trost und rät Ihnen, sich nach unten zu verfügen und fünfe gerade sein zu lassen, während er »alles in Ordnung« bringt. Einige Tage später, wenn Sie in Glengariff Ihre Sachen auspacken, bemerken Sie, daß er nicht nur Ihre Golfschläger mit untergebracht hat, sondern außerdem noch Ihren Schlafzimmerteppich, den Werkzeugkasten eines Mannes von den Gaswerken, der in Ihrem Zimmer gearbeitet hatte, zwei Ziervasen und einen zusammenklappbaren Kartentisch. Tatsächlich alles, was sich, innerhalb seines Gesichtskreises befand, außer Ihrem Rasierapparat. Sie weisen telegrafisch £ 7,– nach Cork an, damit man Ihnen eine neue Ledertasche schickt (welche dann aus Pappe ist), um all diesen Plunder nach Hause zu schaffen. Und bieten dem Hoteldiener enorme Bestechungssummen an, wenn er Ihnen leihweise seinen Rasierapparat überläßt. Oder –:

Der Mann, der sich die Schuhe selbst besohlt. In aller Unschuld beklagen Sie sich über die Qualität des Schuhwerks heutzutage. Mit trockenem Humor zeigen Sie eine kaputte Sohle vor. »Muß ich morgen hinbringen«, sagen Sie vage. Das Ungeheuer ist von dieser passiven Einstellung verblüfft, hat Sie bereits in einen Lehnstuhl gezwängt, Ihnen die Schuhe von den Füßen gezerrt und ist damit in der Spülküche verschwunden. Er kommt nach Ablauf einer unglaublich kurzen Zeitspanne zurück und verkündet Ihnen, die Schuhe seien jetzt »so gut wie neu«. Zum ersten Mal in Ihrem Leben bemerken Sie seine Schuhe und verstehen sofort, warum seine Füße mißgestaltet sind. Sie humpeln nach Hause, scheinbar wie auf Stelzen. An jeden Schuh ist eine zolldicke Platte aus synthetischem »Leder« genagelt, welches aus Schellack, Sägemehl und Klebstoff hergestellt wurde. Da Sie jetzt viel größer als gewöhnlich sind, bringen Sie sich fast um, als Sie versuchen, einen Bus zu besteigen. Bis Sie nach Hause kommen, haben Sie einen knappen Liter Blut verloren, und die Wunde auf Ihrer Stirn sieht aus, als wollte sie septisch werden. Oder –:

Aber nein; bei manchen dieser Unmenschen ist es zu schmerzhaft, wenn man sie im Detail beschreibt. Kennen Sie den *Mann, der tranchieren kann?* Auch wenn das Gericht nur aus einer einzigen gebratenen Taube besteht, egal, die Jacke wird ausgezogen, zwei Quadratmeter Tisch werden leergeräumt und mehrere harmlose Gäste gezwungen, den Raum zu verlassen, um dem Grobian »ein bißchen Freiheit« zu verschaffen. Durch irgendein Wunder wird alles, was diese Person tranchiert, in ein Halsstück verwandelt, so daß niemand etwas Eßbares bekommt.

Oder *der Mann, der* an irgendwas ganz Alltägliches *»glaubt«* (oder *nicht »glaubt«*). Der eine Elende »glaubt« nicht an elektrische Heizsonnen. Er ist entsetzt, wenn Sie eine anschalten, tut, als ersticke er, entfernt pantomimisch Kragen und Krawatte. Sie »trocknen« – natürlich »die Atmosphäre aus«. Genau wie der andere Flegel, der nicht an echtes Feuer »glaubt«. Für ihn bitte nur die Elektro-Heizung. Er hat fünf bis sechs davon in jedem Zimmer, und eine oder zwei auf der Treppe. Ein Kohlefeuer »macht nur Schmutz«. Außerdem: Es »macht Arbeit«, und man muß es »ständig schüren«. Wohingegen die elektrische Heizsonne (an dieser Stelle vollführt er Einstöpsel-Bewegungen) einfach eingestöpselt wird, und na bitte! Viermal billiger als Kohle, gibt zweimal soviel Wärme und so weiter. Man kann diesem Biest nur beikommen, indem man es mit einem elektrischen Stuhl versorgt, als Geschenk, zum persönlichen Gebrauch.

Oder *der Mann, dem bei sich zu Hause kein Radio ins Haus kommt?*

Oder *der Mann, der nicht an frische Luft glaubt?* (Wissen Sie was? Durch diesen Fimmel sterben mehr Leute als ...)

Wer ist denn nun der oberste Dämon von allen? Könnte es jener nicht unvertraute Typ sein, welcher gesteht, »nie einen Blick« in die *Irish Times* zu »werfen«?

♣

LANGWEILER, WAS?

Auwei, jetzt kommt ein Monster, das ich übersehen habe, und ich weiß, ich brauche nur einen kleinen Hinweis fallenzulassen, und Sie werden es unverzüglich erkennen. Es bekennt, sein Faterland *(stet)* zu lieben, und der Grund dafür ist dessen schiere Kauzigkeit; diese beliebtmachende Qualität, glaubt er, wird durch die Brillanz der ansässigen Eingeborenen und die Meisterschaft, mit der jeder Bürger Witz, Schlagfertigkeit, Humor und Parádoxa beherrscht, noch verstärkt. Alles, was geschieht, dient diesem Menschen als »Beweis«.

Er steht, sagen wir mal, auf der Bordkante und schwatzt

(21 = 1 Dtzd.), und eine der riesigen Unratfuhren der Stadtreinigung fährt ihn beim Zurücksetzen aus Versehen an und überschüttet ihn mit einem Teil ihrer stark riechenden Ladung. Nun sollte man meinen, das würde ihn ärgern, würde ihn zum Schweigen bringen. Nichts da. Zwei Minuten später beginnt ein Großteil des abgeladenen Verwesungsgutes sich zu bewegen, kriecht den Pfad entlang *und steht auf!* Es ist natürlich unser Freund; er eilt zu Ihnen zurück; eine Öffnung hoch oben in der Schleimsäule zeigt uns an, daß er grinst. Körperlich schwer verletzt, aber eindeutig von einem riesigen inneren Glücksgefühl beseelt, humpelt er zu Ihnen. Mit verkleistertem Arm winkt er Ihnen zu.

»Wo sonst«, hören Sie die abgedämpfte Stimme sagen, »wo sonst könnte so was passieren außer in Irland!«

Das ist sein höchstes und universelles Apothegma. Es umfaßt, definiert und erklärt Irland als Ganzes, alle Irischkeit, alles Irische. Wenn man stärker ins einzelne geht, deckt es die folgenden Anlässe ab:

Verspätete Ankunft und Abfahrt von Zügen, Bussen usw.

Nicht stattgehabte Reparatur von Uhren, Schuhen usw. zum vereinbarten Termin.

Wahl wohlbekannter analphabetischer, käuflicher, krimineller oder sonstwie unzulänglicher Personen ins Parlament oder in hohe Ämter.

Verzehr alkoholischer Getränke auf Polizeirevieren nach Dienstschluß.

Entdeckung, daß Bettler Griechisch spricht.

Entdeckung, daß Universitätsprofessor kein Englisch, Irisch usw. spricht.

Gefälschte Betriebsanleitungen für Fahrzeuge mit Benzinverbrennungsmotor.

Entdeckung, daß Bruder des Ascheimermannes Feldmarschall bei Streitkräften einer ungenannten Großmacht ist.

Unvereinbarkeit praktisch nebeneinander angebrachter öffentlicher Normalzeit-Uhren.

Pensionsberechtigung der Bevölkerung ganzer Landstriche, welche sich auf abgeleisteten Wehrdienst gründet, ungeachtet internationaler Konvention, nach der Jugendliche, Kinder und Frauen nicht eingezogen werden.

Entdeckung, daß verschiedene frühere Militärpersonen, die vom Mitglied eines bestimmten Herrscherhauses für Verdienste in einem früheren Krieg ausgezeichnet wurden, den Idealen dieses Herrscherhauses ablehnend gegenüberstehen.

Verbot vermeintlich obszöner literarischer Werke, in denen für Keuschheit, Enthaltsamkeit, Ehrlichkeit usw. eingetreten wird.

Teilnahme kirchlicher Autoritäten an Grundstücks-, Finanz- und Spekulationsunternehmungen.

Philanthropische Projekte von Brenner- und Brauerfamilien.

Widerwille der *Irish Times* gegen Regierungsstellen usw., auf Grund von Systemen, die von nicht-irischen Staatsbürgern errichtet wurden, welche sich nicht mehr im Land aufhalten.

Entdeckung, daß berühmter Romanautor Landwirt ist.

Bereitwilliges Einlösen von Schecks in Kneipe mit riesiger Inschrift, die ebendiese Aktivität untersagt.

Unverläßlicher Charakter ähnlicher Inschriften, welche die völlige Abwesenheit rationierter Waren besagen.

Und so fort. Der krönende und bleibende Trost des Verfassers ist die Überzeugung – aus einem Leben voller Vorfälle an den erstaunlichsten Orten geschöpft –, daß die Iren, obschon im Herzen ungestüm rebellisch, eine warme, reinliche, ehrliche *Liebe* zur königlichen Familie einer angrenzenden Monarchie im Herzen bewahren. Mit dem Begleit-Phänomen, welches den Haß auf eine ganz bestimmte

Herrschaftsorganisation als solche einschließt und, gleichzeitig, eine verzehrende Zuneigung zum individuellen Engländer als solchem!

(Haben Sie, Leser, ebenfalls das Gefühl, Sie müßten ersticken?)

♣

Ich bin beschämt und erstaunt, in all meinen Schriften – und es versteht sich wie von Selbach*, daß viele meiner Schriften tatsächlich etwas ganz Besonderes sind – bisher noch nicht auf den P.S.-Wahnsinnigen eingegangen zu sein. Es ist ihm absolut unmöglich, einen Brief ohne Postskriptum zu schreiben, und das Postskriptum muß auch dann noch mit hinein, wenn der Schreiber nichts wie auch immer Geartetes hinzuzufügen hat. Und wo das Postskriptum doch einen Sinn hat, da liegt das Leiden darin begründet, daß man überhaupt ein Postskriptum daraus macht, anstatt es in den Brief als solchen einzubetten.

»Lieber Tom: Vielen Dank für die Bücher, welche wohlbehalten eingetroffen sind. Am Dienstag fahre ich für zwei Tage nach Cork und rufe Dich an, wenn ich wieder da bin. Dein Jack
P.S. Am Sonnabend habe ich Deinen Bruder beim Pferderennen gesehen, es ist mir aber nicht gelungen, mit ihm zu sprechen. J.«

Das ist eine der Spielarten von Nutzlosigkeit, und Sie sind damit so vertraut wie ich. Oder wie oft haben Sie dies schon gesehen:

---

* »... goes without Synge...«

»Lieber Tom: Die Bücher sind wohlbehalten eingetroffen, und ich bin Dir für ihre Übersendung sehr verbunden. Ich werde sie so bald wie möglich zurückschicken.
                Mit freundlichen Grüßen, Dein Jack
P.S. Ich hoffe, alle in Nummer acht sind *Deo volente* der Grippe entronnen. May klagte am Sonnabend, aber heute geht es ihr wieder gut.   J.«

Bitte beachten Sie, daß der lächerliche Nachtrag immer mit Initialen versehen und auf diese Weise authentifiziert wird. Als wollte irgend jemand die Autorschaft anzweifeln. Damen verwenden das P.S. oft als Mittel für einen scheuen und ziemlich (?) charmanten Ausfall.

»Lieber Tom: Nur zu gern gehe ich mit Dir auf den Tanz am Dienstag.   ›Betty‹
P.S. Danke, daß Du mich gestern, als wir uns in der Dame Street trafen, ignoriert hast. – B.«

Ja-ha! Das P.S. kann jedoch auch ein legitimes Amt im Handwerk der literarischen Ungezogenheit ausüben.

Ein Beamter bekam einst von seinen Vorgesetzten einen Brief, der ungefähr lautete wie folgt:

»A Chara: Es ist zu unserer Kenntnis gekommen, daß Sie, als Sie Ihre Reisekostenabrechnung einsandten, eine Summe in Höhe von £ 7 10s für einen Mietwagen von Ballymick nach Ballypat aufführten. Die Entfernung zwischen diesen beiden Punkten beträgt 2 1/2 Meilen Luftlinie. Ich erlaube mir, um eine unverzügliche Stellungnahme zu o. a. Posten zu bitten.«

Unser Mann schreibt zurück:

»A Chara: In Erwiderung auf Ihre geschätzte Auflistung (Betr.-Nr. XZ 86231/Zb/600/7/43) vom 4. huius drängt es mich, Sie davon zu unterrichten, daß ein tiefer und nicht schiffbarer Fluß die Städte Ballymick und Ballypat voneinander trennt und Reisende gezwungen sind, sich mit einem Kfz fünfzehn Meilen stromaufwärts zu verfügen, wo sich die einzige Brücke befindet, die eine Überquerung ermöglicht. Mise, le meas,
Seán O'Pinion
P.S. Ich bestehe nicht aus Luft. S.O'P.«

Wenn ich in dieser Richtung eine Schwäche hätte, würde ich mir einen geheimnisvollen literarischen Schnörkel ausdenken, der als das Anteskriptum bekanntwerden müßte.

»A.S. Was ist eigentlich mit dem Fünfer, den ich Dir 1917 geliehen habe? M. na gC.
Lieber Tom: Die Bücher, die Du mir freundlicherweise geschickt hast, haben allem Anschein nach nicht die Billigung der königlichen Zensurbehörde gefunden, und ich kann sie deshalb keiner eingehenden Prüfung unterziehen. Glaube mir bitte, mein lieber Tom, und sei gegrüßt von Deinem alten
M. na gC.«

So in der Art.
Oder man gleitet ins andere Extrem. Man beginnt mit dem kürzesten Brief der Welt –

»Lieber Tom: Danke. Dein M. na gC.«

– und schreibt dann ein P.S., das sich über 20 beidseitig beschriebene Blätter hinzieht und bis zum Briefkopf auf Seite 1 zurückkommt –; Hegel, Nietzsche, Emerson, Gide, Beethoven, Suarez –: die ganzen Burschen werden mit hochtrabendem Gewäsch zu Paaren getrieben und ordentlich vorgeführt.

Was kann man, so frage ich mich, zu den grausigen Geschöpfen sagen, die dem P.P.S. verfallen sind? Ich meine, in einer Zeitung sagen, die für die ganze Familie bestimmt ist?

»P. S. Hoffe, in Nummer acht geht es allen Ia.   J.
P.P.S. May läßt Bella grüßen und kommt *Deo volente* am Dienstag selbst mal vorbei.   J.«

Das einfache irische Volk: Wir werden schreiben, was wir wollen.

Ich: Wie bitte?

Das einfache irische Volk: Wir werden in unseren ureigensten persönlichen Briefen schreiben, was wir wollen.

Darauf werde ich nichts erwidern; ich möchte niemanden kränken, egal, wes (und ob eines) Geistes Kind er ist, aber ich hoffe doch, daß man sich meine Bemerkungen zu Herzen nehmen, merken, notieren, überlegen und auf dem Konto des Gedächtnisses gutschreiben wird.

P.S. Hoffentlich erreicht Sie dies, wie es mich verläßt, nämlich in Hochform. M. na gC.

♣

»Andererseits«, hörte man den etwas didaktischen Herausgeber letzten Sonnabend sagen, »bittet Mr de Valera um *carte blanche,* damit er seine groteske Politik einer gälischsprechenden, kartoffelbuddelnden Republik wahrmachen kann.«

In meiner Eigenschaft als Wissenschaftler interessiert mich diese Art zu schreiben brennend. Die *carte* müßte natürlich *blanche* sein. (Also Krieg.) Seit fast vier Jahren hat dieses Land keine *carte noire* mehr gesehen; sie werden nicht mehr hergestellt. Was ich gern wüßte, ist: Was ist das Gegenteil einer gälischsprechenden, kartoffelbuddelnden Republik? Angenommen, das Gegenteil von Gälisch-Sprechen ist Englisch-Sprechen, und das Gegenteil von Republik ist Monarchie –; was ist das Gegenteil von Kartoffelbuddeln?

Keine Antwort.

Na, gut. Sollen wir also eine englischsprechende kartoffelbuddelnde Monarchie werden? Welcher König würde wohl davon träumen, einer Bruderschaft von Bauern mit rauhen Stimmen vorzustehen, die in alle Ewigkeit damit beschäftigt sind, Eßknollen zu exhumieren? Oder wären, fürwahr, unsere neuen Herrscher eine Dynastie aus britischen Königinnen?

Ich meine, Kartoffeln sind schrecklich wichtig. Sie stellen bewundernswertes Futter für Mensch und Tier dar. Erinnern Sie sich, was vor fast hundert Jahren geschah? Wir waren damals zum größten Teil gälischsprechend, aber aus Gründen, die sich unserer Kontrolle entzogen, mußte das Kartoffelbuddeln für ein bis zwei Jahre eingestellt werden. Das Ergebnis war katastrophal. Die Firma befand sich damals, natürlich, unter anderer Leitung.

Kann diese Abneigung gegen das Kartoffelbuddeln daran liegen, daß man es mit dem falschen Fuß zuerst getan hat?

♣

Vermischtes

Die Nachricht, daß mein Name letzte Woche im Schuldverzeichnis zu lesen war, wird für meine Feinde eine erfreuliche Überraschung sein. Eine grüne Befriedigung wird ihre Seelen erfüllen.

Das einfache irische Volk: Ihre Feinde? Was für Feinde?

Ich: Ich kann keine Namen nennen. Seien Sie jedoch versichert, daß es Horden davon in allen Lebensbereichen gibt. Es gibt für sie nichts Schöneres, als wenn sie mir einen üblen Streich spielen können. Sie arbeiten und planen bei Tag und Nacht gegen mich. Sie verfolgen mich mit unendlicher Bosheit und List. Rufmord und Verunglimpfung, Einflusterungen ins Ohr. Die ungesehene Hand, Hintertreppeneinflüsse, ich glaube, unser Freund stand letzte Woche vor Gericht, aber es ist nicht in die Presse gekommen. Tatsache? Wie lautete die Anklage? Ach, Sie werden lachen, wenn Sie's hören. Hören Sie (tuschel-tuschel-tuschel). WAS? Ist das Ihr Ernst? Mit Anklageschrift und allem Drum und Dran; der Gerichtsdiener hat's mir gesagt. Und noch was, ich glaube, die unglückselige Frau bezieht jede Nacht eine gehörige Tracht Prügel. Abends um zehn nach zehn kommt er nach Hause, randvoll mit bitterem Bier. Wo ist die Zigarettenkippe, die ich heute morgen auf dem Kaminsims hinterlegt habe? Du weißt es nicht? Das weißt du nicht? Nun, nimm *dies!*

Jeder Schlamm ist gut genug, solange er nur klebenbleibt. Verleumdung hinterrücks und Briefe, mit vergifteter Feder geschrieben. Treiben wir ihn auf diese Weise in die Enge, wenn es auf die andere nicht geht. Falsche Freunde überall. Das kleine Wort mit seinem Korrosionseffekt, am rechten Ort nur halb geäußert. Er taugt nichts, wenn ich's Ihnen doch sage, *er taugt nichts*. Egal, wohin ich mich wende: Die Ehrabschneider waren schon da. Tut mir leid, Sir, hier können Sie nicht herein, Sir. Ich habe meine Befehle, Sir, tut mir leid, Sir.

Ohne Erklärung. Wenn unser Freund heute abend seine Nase hier hereinsteckt, knallen Sie ihm die Tür vor der Nase zu. Macht nichts, tun Sie, wie Ihnen geheißen. Nein, sagen Sie nicht, daß ich, das gesagt habe. Knallen Sie einfach die Tür zu. Und passen Sie auf, daß es da kein Vertun gibt. Wir wollen diesen ganz bestimmten Kunden nicht hier drin haben.

Sogar meine jungen Söhne müssen herhalten, meine unschuldigen kleinen Burschen von zwölf Jahren. Hallo, Kleiner, ich hab' gehört, deinen armen Vater haben Sie mal wieder eingesperrt. Gar nicht wahr? Er liegt auf der Nase? Im Bett? Ach, der arme Mann. Nun, so übermäßig krank hörte er sich letzten Sonnabend um drei Uhr früh gar nicht an, als er mir fast die Tür eingetreten und vier Flaschen auf der Vordertreppe zerschmettert hat. So, so, der arme Mann liegt auf der Nase? O weh, o weh, o weh.

Wenn sie natürlich glauben, diese Kampagne würde mich von meinem Kurs abbringen oder mein Eintreten für die weitreichenden Reformen, denen ich mein Leben geweiht habe, auch nur um ein Jota abschwächen, so haben sie sich gewaltig geirrt.

Jeder weitere Kommentar ist überflüssig. Das Ganze wäre komisch, wenn es nicht so tragisch wäre.

♣

KATEKLISCHMUS

(Zu einer Zeit) (da unsere stetig schrumpfenden Brennstoffvorräte) (es geraten erscheinen lassen) (unter die kühnsten Versuche) (der Frauen und Männer, die in unserem Land zu sagen haben) (den Betrieb der Massenverkehrsmittel aufrechtzuerhalten) (das Wortfinis zu schreiben) (scheinen keine meiner Worte stark genug) (meinem Abscheu Ausdruck zu verleihen) (vor ignoranten, benzinverschwendenden Bleifüßlern).

♣

EINE ERINNERUNG AN KEATS
Natürlich gibt es kein Getränk, das sich mit einer Flasche Stout messen könnte. Stout ist *sui guinnessis*. Keats ließ sich einst ein Taxi kommen und fand es ekelerregend, daß die schönen Polster von irgendeinem früheren Nachtschwärmer, der mit diesem Taxi nach Hause gefahren war, mit verschütteter Milch ruiniert worden waren. Anstatt nun Tränen über die verschüttete Milch zu vergießen, sagte Keats zum Taxifahrer:
»Was ist das hier? Ein Kabri-au-lait?«

♣

Sie kennen dieses Ding von Yeats, das anfängt »When you are old, Dan Grey, and full of sleep«? Also, ich habe es in ziemlich schönes Französisch übersetzt. Schreiben Sie mir, legen Sie einen feucht gebügelten Umschlag bei, und ich werde Ihnen ein Exemplar schicken, auf schwarzes, appretiertes Buchara-Leinen gedruckt, sowie mit einer Handvoll Petersilie und zwei hartgekochten Eiern. Meine Version beginnt: *»Quand vous serez bien vieille, au soir, à la chandelle, assise au près du feu...«*, und hört mit diesem wirklich erstklassigen Schluchzer auf: *»Cueillez dès aujourd'hui les roses de la vie.«* Das Ding braucht keinen Rahmen und kann gebogen, geschraubt oder genagelt werden, genau wie ein Stück Steak.

Außerdem mache ich eine deutsche Version; höre ich bereits einen lukrativen Vertrag rascheln?

Oben in dem leeren Zimmer
Spielt Gaspard auf seiner Geige.
Und die verleg'nen Leichen, nimmer
Zum Tanz entschlossen, grinsen feige.

Drum ruft er seine Schwester Cissie
(Hinten heißt sie jetzt Derham)
Und bittet, ob sie pepulisse
Ter pede terram.

Ich gebe hin und wieder Haushalts-Tips, denn ich habe Grund anzunehmen, daß auch ein paar Damen diese meine Aufzeichnung lesen. Ein gutes Mittel, um Blut am Gerinnen zu hindern, ist, dafür zu sorgen, daß nur die reinsten Zutaten verwendet werden. Zweitens: Schenken Sie das Blut sehr langsam ein, einen Eßlöffel nach dem andern, und verdünnen Sie es mit ein paar Tropfen Essig, wenn die Mischung zu schwülstig zu werden droht.

Als ich neulich abends nach Hause kam, war ich in einer merkwürdigen Stimmung. Ich fühlte mich ... alt. Alter und Leistung haben wie Brandy eine Milde und doch auch eine gewisse Mattigkeit an sich. Meine Tochter war im Nebenzimmer, summte vor sich hin und setzte sich den Hut auf. Ich rief sie.

»Hallo, Bella. Setz dich bitte einen Moment zu mir.«
»Gern, Daddy. Was ist los?«
Ein langes, wäßriges Starren aus dem Fenster. Die Pfeife wird hervorgezogen und umständlich in Betrieb gesetzt.
»Bella ... Wie alt bist du?«
»Neunzehn, Daddy. Warum?«
Eine weitere beängstigende Pause.
»Bella, wir kennen uns nun schon ziemlich lange. Neun-

zehn Jahre. Ich weiß noch, wie du ganz klein warst. Du warst ein liebes Kind.«

»Ja, Daddy.«

Noch mehr Verlegenheit.

»Bella... Ich war dir doch ein guter Daddy, oder? Zumindest habe ich es versucht.«

»Du bist der beste Daddy der Welt. Was versuchst du mir denn nun eigentlich zu *sagen*?«

»Bella... Ich möchte dir etwas sagen. Ich bin... Ich habe eine Überraschung für dich. Bella... Bitte denke jetzt nicht schlecht von mir, aber... aber... aber, Bella...«

Mit einem erstickenden Geräusch ist sie aufgesprungen und hat ihre Arme um mich geschlungen.

»Oh, Daddy, ich weiß es, ich weiß es! Ich weiß, was du sagen willst! Du... Du bist gar nicht mein Daddy. Du hast mich eines Tages gefunden... als ich noch ganz klein war... als ich ein winziges Baby war... und hast mich mit nach Hause genommen... und für mich gesorgt... und auf mich aufgepaßt... und jetzt stellst du fest, daß du mich all die Jahre geliebt hast...«

Mit einem Schrei war ich auf den Beinen. Bald raste ich die Straße hinunter und zu unserem Kino, wobei ich in der Hosentasche die altmodische Mauser umklammert hielt, ein Geschenk von Hamar Greenwood, weil ich ein paar Aufträge für ihn erledigt habe, als das weder profitabel noch populär war. Ich erreichte das Kino und verlangte den Geschäftsführer zu sprechen. Bald erschien der liebenswürdige Grobian mit seinen rosa Hängebacken und lud mich in sein privates Büro ein. Sehr kurz darauf krachten zwei Schüsse, und ich hoffe ernstlich, daß ich Gelegenheit erhalte, den Geschworenen zu erklären, daß ich meiner Tochter lediglich den Vorschlag machen wollte, mir als Familienvater, der jahrelang geschafft und gerafft habe, um andere im Luxus leben zu lassen, stünde es allmählich zu, von der

Erniedrigung, die es bedeute, wenn man sich selbst die Hosen bügele, befreit zu werden.

♣

Aus dem Nachrichtenteil erfuhr ich kürzlich, daß mein bester Freund, Mr E. J. Moeran, »sich nach Kerry begibt, um ein Konzert für Cello und Orchester zu schreiben...«

Nun, dazu kann ich nur sagen: Meine Art wäre das nicht, ganz und gar nicht wäre das meine Art, und mehr will ich dazu nicht sagen. Für mich, sehen Sie mal, ist Musik Besessenheit... eine Berufung und kein Beruf. Wenn das Gefühl für... Schöpfung... plötzlich in mir aufwallt... wie... das Meer... dann werde ich – es ist faszinierend – werde ich völlig passiv... Nicht ich lasse es geschehen, sondern es geschieht mit mir... und deshalb kann ich auch bei meinen besten Œuvres so umwerfend bescheiden sein... Ich werde das Gefäß, das Medium, durch das sich etwas... nennen Sie es, wie Sie wollen, aber von dieser Welt ist es nicht... ausdrückt. Ich werde fast... weiblich. Was sagt doch Goethe? »Kunst ist die Vermittlerin des Unaussprechlichen.« Wie wahr das ist! Das... Schreckliche, das wirklich Schreckliche daran ist jedoch, daß... für den Künstler... Kunst eine Erniedrigung ist. Wenn jemand ein Genie ist, muß er sich immer wieder daran erinnern, daß die großen Gaben auch die erschreckendsten Verantwortungen mit sich bringen... Man ist... Man ist einfach nicht wie andere Menschen. Mein Gott, die Qual, die mit alledem zusammenhängt; es hat Nächte gegeben, in denen ich fast wahnsinnig geworden bin. Wahnsinnig, verstehen Sie? Aber so in aller Ruhe ankündigen: Ich schreibe jetzt zum Beispiel mal ein Konzert für Klavier und Orch... Nein, das wäre unmöglich, das käme doch überhaupt nicht in Frage. Ich, wissen Sie, ich weiß ganz einfach... Ich weiß nie, wenn mir das... wenn mir dies... wenn mir diese Sache passiert, dann weiß ich einfach nie, *was* das Ergebnis sein wird. Es könnte, zum Beispiel, ein kolossaler 𝕶𝖚𝖓𝖘𝖙𝖋𝖎𝖑𝖒 werden, in dem die Aussage der obertonalen Montage noch einen Schritt weitergeführt wird, hinein in die höheren Bereiche einer eher russischen Hierarchie der spatio-temporalen Werte in bezug auf das Maßsystem von Farbe der visuell-akustischen »Welt«; es kann komplett épatant sein, dies Experiment in der grisaille, wo die kontrapunktischen Möglichkeiten der tonalen Textur, der Form, des Inhalts gegen die mengenden Harmonien der Empfindung, d. h. des »Gefühls« im Sinn von 𝖊𝖚𝖗𝖔𝖕𝖆̈𝖎𝖘𝖈𝖍𝖊𝖗 𝕲𝖊𝖎𝖘𝖙 ausbalanciert werden. Es könnte ein Gedicht sein, in dem die verkümmernde Menschheit, mit der herzensbrecherischen Unmittelbarkeit von Sinn-Erfahrung gesehen, den so süß westlich schmeckenden Aspekt eines sterbenden Gottes übernimmt, grauenhaft, aber doch zärtlich und irgendwie unbefleckt. Es könnte ein »Roman« sein, von so unermeßlicher Reichweite, so vollkommen in der Ausführung, so überwältigend in der Konzeption und so sehr in bisher unerhörten Dimensionen angesiedelt, daß ... kein verantwortungsbewußter Verleger es riskieren könnte, ihn der Welt vorzustellen. Es könnte ein monumentaler Minderheiten-Report sein, der sich einigen Aspekten des Wohnungsbaus in Europa und im Mittleren Osten widmet, unter besonderer Berücksichtigung der Westlichen Müllabfuhr und Deren Aufstieg und Fall. Es könnten auch detaillierte Zeichnungen und Entwürfe für eine neue Lokomotive sein; es könnte ein bescheidener Vorschlag zur Neu-Kodifizierung unserer etwas hasenhirnigen Gesetze sein; es könnte ein Drama sein, so grandios, daß die Seitenwand des Theaters eingerissen werden muß, um die Szenerie unterzubringen ... oder aber ... es könnte ... eine Symphonie werden (in Ré-Mineur), dem irischen Volk gewidmet; *von vorn bis hinten so geschrieben, daß sie auf den Perry-Fiedeln gespielt werden kann, die jetzt im National-Museum sind, und auf keinen anderen.* Es könnte eine neue Sorte Porter sein, von der man betrunken, aber nicht berauscht wird. Ein neuer elastischer Werkstoff, der sich garantiert nicht dehnen läßt. Grandiose Pläne für eine neue National-Universität. Ein Gerät zum Kauf von Landräten. Ein Fortepiano. Eine heilige Waffe. Ein Flugzeug für Landbetrieb. Ein Pfannenmesser. Eine ganz neue Art Bezirksrichter, der sich die Zeugenaussagen anhört, seine Entscheidung bekanntgibt und absolut nichts weiter sagt. Eine Maschine zum Spülen alter Mägen. Ein Plan zur Repatriierung von Sudetendeutschen aus Cork. Eigentlich, meine ich . . . alles, absolut alles.

Und wenn Sie mich fragen, was ich jetzt gerade tue, so antworte ich Ihnen: Ich weiß es nicht. Ich arbeite hier nur.

Ich möchte Sie, in dieser friedlichen Zeit, nicht mit Persönlichem behelligen, noch weniger Ihnen Fragen aufdrängen, die mit meiner persönlichen Ehre, meinem persönlichen Prestige befaßt sind. Aber in dieser Zeitung erschien neulich ein Bericht, der, wenn man ihn unangefochten läßt, größeren Schaden anrichten könnte. Eine seltsam rückwirkende Bedingung hängt daran, wie man vielleicht sehen wird. Auf einer Versammlung sagte ein Redner (ich setze, natürlich, voraus, daß Zeitungen nicht lügen):

»Wenn Plato der Koloß der Antike, des Denkens war, so war Shaw der Koloß der Moderne . . .«

Da er das offensichtlich nicht war, schien der ganze Antrag durchzufallen. Aber es kam noch mehr, was Sie bittesch. zur Kenntnis nehmen wollen:

»In Themenvielfalt und Gedankentiefe kam Shaw Plato gleich; in der atemberaubenden Kühnheit seiner Vorschläge übertraf er ihn. Shaws Werk«, fügte der Redner hinzu, »war von zwei fundamentalen Überzeugungen durchschossen: schöpferische Entwicklung und Grundeinkommen.«

Sie werden, lieber Leser, zweifellos etwas eher Komisches bei all diesem bemerkt haben. Ich bin sicher, daß es unabsichtlich war; ich möchte glauben, daß keine Beleidigung beabsichtigt war ... aber ... *in dem ganzen Ding von vorne bis hinten kein einziges Wort über mich!* (!!!) Das macht mir zwar nichts aus, natürlich nicht –; wenn es den Leuten gefällt, sich lächerlich zu machen, ist mir das gründlich schnuppe; sollen sie doch. Aber meinen Sie nicht, der ganz normale Anstand hätte es geboten, wenigstens ein Wort fallenzulassen? Aber nein. Keine wie auch immer geartete Erwähnung.

Na schön! Ich habe wirklich nicht das Allergeringste gegen Shaw; daß Sie mich da richtig verstehen. Shaw ist einer der Besten; wir haben uns früher oft zum Radfahren getroffen, im Vegetarischen Restaurant habe ich ihm so manchen Fünfer geliehen, und bis heute hatte ich noch keine Premiere im West End, aber er kommt einfach rein, setzt sich in die Logen und mampft Stullen mit Brunnenkresse ..., aber ihn den Koloß der Antike zu nennen ...! Und dann dieser ganze Kram mit Schießen und Überzeugungen. Klar ... Wie viele Schußwunden und Einkerkerungen für die Freiheit des politischen Worts habe ich schon hinter mir, und verliere ich jemals ein Wort darüber? Und ... Gedankenvielfalt und atemberaubende Vorschläge ...? Klar, Mann, sowieso, Ehre, wem Ehre gebührt, aber ist das nicht nur eine milde, verwässerte Beschreibung dessen, was ich Tag für Tag in aller Bescheidenheit für Ihre Majestät die *Irish Times* im Vereinigten Königreich rackere? Und das bringt mich aber auch schon zum letzten Punkt: das Grundeinkommen. Ich sagte: Grundeinkommen ... (Chefredakteur beginnt zu husten, beißt sich auf die Nägel, sieht aus dem Fenster.) Ich sagte: Der Tagelöhner ist seines Lohns wohl wert. Ich habe zwar nicht das Grundeinkommen meines lieben Freundes George B. Shaw, das kann ich Ihnen versichern. Nicht, daß ich kein Hirn hätte –; ich habe mehr Hirn im kleinen Finger als Ihr Bursche da im ganzen Bart. Haben Sie je mein Stück gesehen, häh? (Ganz schön schnell mußte man sein, wenn man das wollte.) Je meine Romane, Biographien, politischen Schriften gelesen? Meine Abrechnungen mit allem, was schlecht ist, trügerisch, wertlos? Klar, weiß Gott, gar kein Vergleich. Nicht, daß Shaws Stücke nicht gut wären –; Alt Heidelberg ist allerliebst. »Pig« Malone ist in Ordnung, und Rose Marie und Charleys Tante alles ganz süß – ein Mann wird schließlich nicht wegen *nichts* berühmt, sowieso, aber ein bißchen mehr sollte ein Mann schon auf der Latte haben, bevor man ihn einen Koloß der Antike nennt; mehr meine ich ja gar nicht. Natürlich, das Grundeinkommen ist eine große Hilfe –; fällt Ihnen auf, daß diese unfreundliche Rede auf einer Versammlung der Royal Georgian and Shavian Society of Ireland gehalten wurde? Vielleicht . . . legen es ganz bestimmte Herrschaften darauf an, möglicherweise in einem ganz bestimmten Testament erwähnt zu werden . . . ?

(Pause. Das Zwielicht fällt. Im Dämmer ist eine Stimme zu hören.)

Eins läßt sich mit Sicherheit sagen: Die breite Masse in dieser Stadt wird nie auf den Gedanken kommen, eine M-na-gC-Gesellschaft zu gründen! Dabei wäre das so ein . . . ein . . . netter Tribut an einen alten Mann! Plus eine Statue in College Green, mit dem Rücken dem Trinity zugewandt! (Ich sage immer noch: Ich habe die Figur für einen steinernen Bart und einen steinernen Gehrock!)

♣

TROST UND RAT

Zwei Dinge braucht man, merken wir uns, für ein Stelldichein, Rendez-vous oder Date. Es ist nötig, (a) eine Zeit und (b) einen Ort anzugeben. Lassen Sie mich erläutern, was ich meine. Ich möchte jede Mehrdeutigkeit vermeiden.

Also angenommen, ich sage dem einen oder anderen Mädchen, daß ich mich mit ihm um 20:30 h treffen möchte, und mache damit eine Angabe über (a), aber nicht über (b). Was geschieht? Sie erscheint prompt genug beim, sagen wir mal, beim Haus in Hoey's Court, wo Dekan Swift geboren wurde. Aber unterdessen warte ich geduldig im »Bull Ring« in Wexford und inhaliere lustlos eine Lulle nach der anderen. Ergebnis: Wir verpassen einander, und mit der nächsten Post machen sich Briefe voller leidenschaftlicher Anschuldigungen auf den Weg.

Nun wollen wir uns davon abwenden und den umgekehrten Fall betrachten. Ich sage der Dame, sie soll mich vor dem Kino in Skerries treffen. Bemerken Sie bitte, daß wir in diesem Fall (a) ignorieren. Sie erscheint um 13:18 h, wartet eine Stunde und stolziert dann eingeschnappt davon. Ich jedoch (Connoisseur von Klischees, der ich bin) beehre den Laden mit dem Seltsamsten, was ich habe – meiner Anwesenheit –, und zwar um 16:53 h. Wieder hole ich das Päckchen mit den Lullen hervor und mache mich an deren langwierige Verbrennung. Menschen, die vorübergehen, sagen: Ich frage mich, auf wen dieser Mann wohl wartet. Dieser Mann steht nun schon seit einer Stunde hier. Dieser Mann führt etwas im Schilde; soviel ist schon mal sicher.

Sehen Sie, worauf ich hinaus will? Wieder ist die Verabredung nicht zustandegekommen, ganz einfach weil wir es unterlassen haben, uns sowohl um (a) als auch um (b) zu kümmern. Das nächste Mal, wenn Ihr Mädel nicht antanzt, fragen Sie sich, ob Sie der einfachen Regel gefolgt sind, die ich soeben umrissen habe.

♣

Inzwischen haben Sie vermutlich bemerkt, daß das Versprechen in der Überschrift des letzten Beitrags eine Lüge ist. Ist Ihnen klar, daß ich Ihnen mehrere Sekunden Ihres Lebens ohne die geringste Hoffnung auf Entschädigung gestohlen habe? Ihr kleiner Vorrat an Zeit ist noch kleiner geworden. Verweile doch, du bist usw. Geschieht Ihnen aber ganz recht, wenn Sie den Schnabel in die Zeitungen stecken, anstatt zu arbeiten.

Wenn Sie eine Dame sind, sehen Sie bitte über die Schroffheit meines Tons hinweg. Setzen Sie sich hin, und auf malvenfarbenem Briefpapier der seltensten Duftnote schreiben Sie mir einen Brief, der nach Leidenschaft stinkt, nach den warmen Wehen des Herzens. Das wird mich für ein Weilchen ruhigstellen.

♣

Nachwort des Übersetzers

Flann O'Brien –: Wer ist der Mensch, der sich hinter dem Autor verbirgt, wer der Autor, der den Menschen versteckt? Schlagen wir das Nachrichtenmagazin *Time* im Jahr 1943 auf:

Menschen, die O'Nolan suchten, seit er Éires Lieblingskolumnist ist, hatten es schwer, ihn zu finden. Ein gewissenhafter, schwer arbeitender Beamter, ein Meister im Beantworten von Briefen, verbringt er ausgefüllte Tage mit Angelegenheiten des Staates (d. h., im Augenblick bearbeitet er die Schadenersatzansprüche aus einem Waisenhausbrand, der vor kurzem stattfand). Er verbringt so wenige Nächte wie möglich mit der Kunst-Schickeria der Metropole; trifft man ihn jedoch einmal in jenen Kreisen an, so erweist er sich als guter Trinker und unergiebiger Gesprächspartner. Er zieht die Reden in den rauhen Bars und Hafenkneipen vor.

Zu den wenigen Dingen, die O'Nolan ernstnimmt, gehört Schach. Er ist mit einem Taschen-Schachbrett ausgerüstet, spielt promiskuitiv mit Gelegenheitsbekanntschaften. Weltmeister Aljechin hat er bereits inoffiziell geschlagen. Das Schreiben fällt ihm so leicht, daß es ihn langweilt. At Swim-Two-Birds, O'Nolans erster Roman in englischer Sprache, wurde nie abgeschlossen, hört einfach abrupt auf.

O'Nolan war ein bleichgesichtiger junger Mensch von 23, mit vorstehenden Zähnen, als er infolge brillanter Antworten auf Fragen wie »Wie weit ist die Erde vom Mond entfernt?« in den Öffentlichen Dienst geschnellt wurde. In Nordirland, in der Grafschaft Tyrone geboren, hatte er bis dato ohne nennenswerte Vorfälle gelebt, wenn man von einem Besuch Deutschlands im Jahr 1933 absieht.

Dorthin ging er, um die Sprache zu erlernen, und es gelang ihm, sich zusammenschlagen und aus einer Bierhalle werfen zu lassen, weil er sich in unschmeichelhafter Weise über Adolf Hitler ausgelassen habe: »Die haben mich in der Kneipe völlig falsch verstanden.« Außerdem traf und heiratete er die 18 Jahre alte Clara Ungerland, die blonde, geigespielende Tochter eines Kölner Korbflechters. Sie starb einen Monat später. O'Nolan kehrte nach Éire zurück und erwähnt sie nie.

Man muß bis zum 27. Februar 1957 warten, um zu erfahren, was es mit diesem und anderen Stückchen Autobiographie auf sich hat, die unser Mann dem Herrn von *Time* aufband. In seiner Kolumne *Cruiskeen Lawn* (aus der wir in diesem Büchlein einiges versammelt haben) schreibt er:
Autobiographie ist gar nicht mal so übel: Es ist wahrscheinlich sogar ratsam, als erster einzusteigen. Aber die Art von Biographie, die den Schleier lüftet, die kunstvollen Fassaden niederreißt, mit deren Errichtung man ein Leben verbracht hat –: das ist gräßlich.

Crúiskín heißt auf Irisch »Krug«, und *lán* heißt »voll«, und es gibt ein bekanntes Trinklied (ich habe es mir, während ich dies niederschreibe, noch mal in mehreren Versionen angehört), dessen Refrain etwa so lautet:
(unverständlich) crúiskín
(unverständlich) crúiskín
(unverständlich) crúiskín lán, lán, lán, lán –
(unverständlich) crúiskín lán.

Wieder Jahre später schreibt er (im *New Ireland Magazine* vom März 1964) in einem Artikel, der *De Me* überschrieben ist, ein guter Autor brauche
eine gründliche Bildung der umfassendsten Sorte... ein ausgeglichenes, aber flexibles Temperament und die Aufsplitterung der Persönlichkeit in mehrere Abteile zum Zweck der literarischen Äußerung.

In *Der dritte Polizist* entmutigt er den, der sich ihm biographisch nähern will, indem er seinen Helden sagen läßt, er erachte
... es als wünschenswert, wenn er nichts über mich wußte, aber noch besser war es, wenn er einige Einzelheiten erfuhr, die gründlich falsch waren.

Also einige Einzelheiten. Flann O'Brien wurde als Brian O'Nolan (oder Brian Ó Nualláin) am 5. Oktober 1911 im Haus Nr. 15, The Bowling Green, Strabane, als das dritte von zwölf Kindern geboren. Im Hause wurde Irisch gesprochen, und wie ein grüner Faden zieht sich die Behauptung, er habe im Alter von 29 Jahren Englisch lernen müssen, durch seine Kolumne in der *Irish Times*. Weil

der Vater, Michael O'Nolan, als Beamter häufig umziehen mußte, wurde Flann O'Brien erst mit zwölf Jahren eingeschult, doch scheinen dem Knaben dadurch keine nennenswerten Nachteile erwachsen zu sein. Im Gegenteil:
Ich las zeitgenössische Literatur in fünf Sprachen, wofür ich den Christlichen Brüdern und einer gelegentlichen Tracht Prügel zu danken habe.

1929 immatrikulierte er sich am University College Dublin. Im Oktober fing er an zu studieren, und im Sommer des nächsten Jahres schloß er die Schönen Künste mit der Gesamtnote 2 in Irisch ab. 1932 machte er je einen B.A. in Irisch, Englisch und Deutsch. 1933 wurde ihm ein Reisestipendium nach Deutschland zuerkannt, wo er sich wahrscheinlich vom Dezember 1933 bis zum Juni 1934 aufhielt. Er besuchte die Universität Köln *und verbrachte viele Monate im Rheinland und in Bonn und entglitt sanft dem strikten Treiben meiner Studien.*

Nach Irland zurückgekehrt, machte er (im Herbst 1935) seinen M.A. über Moderne Irische Dichtung.
Was habe ich nach fünf Jahren meines Lebens vorzuweisen? ... Ich habe Büchern oder Studien nicht die geringste Aufmerksamkeit geschenkt und betrachtete Vorlesungen als einen Witz –, was sie auch sind, wenn man irgendwas Komisches an unbeholfenem, rührseligem Gemurmel über Themen erkennen kann, die jeder intelligente Mensch in wenigen Monaten mit links beherrschen könnte. Die Examina fand ich kindisch, und das gesamte Universitätskonzept empfand ich als Heuchelei. Das einzige Resultat, das mein Vater für sein Geld erhielt, war die Gewißheit, daß sein Sohn makellos den Grundstock zu einem System heftigen Trinkens gelegt hatte und daß man sich jederzeit darauf verlassen konnte, daß er – auch wenn ihm schlecht vorgesagt wurde – einen Schnitt von 25 Punkten machte. Ich glaube fest, daß, wenn Universitätsbildung allgemein zugänglich wäre und allgemein Gebrauch davon gemacht würde, das Land innerhalb einer Generation zusammenbrechen würde.

Flann O'Briens Meisterschaft im Billard, die auf seine Studentenzeit zurückgeht, ist immerhin weithin bezeugt, und Douglas Hyde, sein Irisch-Professor, soll ihn, da er ihn nie in seinen Vorlesungen

gesehen hat, für einen Mythos gehalten haben. Zu seinen Kommilitonen bei Billard und Poker gehörten Robin Dudley Edwards, Vivion de Valera, Cyril Cusack, Niall Sheridan, Donagh MacDonagh, Cearbhall O Dálaigh, Seán Ó Faoláin, Mervyn Wall und Charles Donnelly. Erst in dieser Zeit begann er zu schreiben, und zwar brach er, wie sein Freund Niall Montgomery schreibt, über das University College Dublin herein
wie ein Schauer von Fallschirmjägern, wobei er eine Myriade von pseudonymen Persönlichkeiten zum Einsatz brachte, und zwar im Interesse der schieren Zerstörung.

Besonders das Recht von Frauen auf Hochschulbildung war Zielscheibe seines beißenden Spottes. Bei den so Verspotteten hob das seine Beliebtheit nur, was man beklagen mag oder auch nicht. Er war ein gefürchteter Redner, der bis auf die Zehntelsekunde genau sprechen konnte, worüber und wie lange er wollte. So kann die folgende autobiographische Notiz nicht verwundern:
1691 in Paris geboren. Vielfältig besorgt. Ein Connoisseur von Schwarzgebranntem und stirabout [d. i. 1.) Porridge, 2.) Aufruhr, 3.) etwas, was man beim Billard tut, wenn zwei Kugeln zu dicht beieinander liegen. Ü.]. Nahm am 1798er Aufstand teil. 1925–1927 Mitglied des Senad Éireann. Mai bis August 1931 Justizminister. Inhaber des von Seiner Majestät eingesetzten Lehrstuhls für Geistiges. 1945 Präsident von Irland.

Außer dem Pseudonym Flann O'Brien verwendete Brian O'Nolan die Namen Myles na Gopaleen oder gCopaleen (Myles von den Pferdchen), John James Doe, George Knowall, Brother Barnabas und Great Count O'Blather. Er war ein unehelicher Sohn von Heinrich VIII., ein Graf des Hl. Römischen Reiches und ein berühmter anonymer Detektiv. Er schrieb *At Swim-Two-Birds,* 1939 (dt.: *Auf Schwimmen-zwei-Vögel); The Hard Life,* 1961 (dt.: *Das harte Leben*); *The Dalkey Archive,* 1964 (dt.: *Aus Dalkeys Archiven*); *The Third Policeman,* 1966 (dt.: *Der dritte Polizist*); *An Báal Bocht / The Poor Mouth,* 1941 (dt.: *Das Barmen*) und – 1943 – das Drama *Faustus Kelly.* Er starb am 1. April 1966 in Dublin und wünschte sich
ein Denkmal, ein ganz schlichtes, aber mit dem Rücken zum Trinity College sollte es schon stehen.

Der Dank dafür, ein solches Denkmal errichtet zu haben, gebührt Anne Clissman (oder Anne T. Clune, wie sie erfreulicherweise inzwischen wieder heißt), die das unentbehrliche Werk *Flann O'Brien; A critical introduction to his writings* (Gill & MacMillan, Dublin 1975) geschrieben hat, ohne welches dieses Nachwort eine zumindest ganz andere Form gefunden hätte. Daß es stets mit dem Rücken zum Trinity College stehe –: das möge Aufgabe der Leser sein, die sich jetzt sicher zu Zehntausenden ungeduldig melden werden.

Ferner sei auch dem Lektor Fritz Senn gedankt, dessen Anregung (»Sie sollten auch ein Nachwort schreiben, in dem geschildert wird, wie er an den Job mit der Kolumne für die *Irish Times* gekommen ist; so etwa drei bis vier Seiten.«) ich beim bisher vorgelegten biographischen Erzähltempo frühestens nach dreißig, fünfunddreißig Seiten folgen könnte, weshalb diese Aufgabe getrost als gescheitert bezeichnet und für eine spätere Gelegenheit aufgespart werden kann, oder, wie es der Meister sagt:
Ich legte die Bemerkung zurück in die Schatzkammer meines Gedächtnisses.

Harry Rowohlt